中國文化二十四品

道奎

中国文化二十四品

饶宗颐 叶嘉莹 顾问
陈洪 徐兴无 主编

王霸之道

礼法并重的政治制度

王子今 著

江苏人民出版社

图书在版编目（CIP）数据

王霸之道：礼法并重的政治制度 / 王子今著. -- 南京：江苏人民出版社，2018.1
（中国文化二十四品）
ISBN 978-7-214-17601-1

Ⅰ.①王… Ⅱ.①王… Ⅲ.①政治制度史－中国－古代 Ⅳ.①D691.2

中国版本图书馆CIP数据核字(2017)第225336号

书　　　名	王霸之道——礼法并重的政治制度
著　　　者	王子今
责 任 编 辑	史雪莲
责 任 校 对	卞清波
装 帧 设 计	刘葶葶　张大鲁
出 版 发 行	江苏人民出版社
出版社地址	南京市湖南路1号A楼，邮编：210009
出版社网址	http://www.jspph.com
照　　　排	南京凯建图文制作有限公司
印　　　刷	江苏凤凰扬州鑫华印刷有限公司
开　　　本	652毫米×960毫米　1/16
印　　　张	13.25　插页6
字　　　数	148千字
版　　　次	2018年1月第1版　2018年1月第1次印刷
标 准 书 号	ISBN 978-7-214-17601-1
定　　　价	55.00元（精装）

（江苏人民出版社图书凡印装错误可向承印厂调换）

编委会名单

顾问

饶宗颐
叶嘉莹

主编

陈　洪（南开大学教授）
徐兴无（南京大学教授）

编委

王子今（中国人民大学教授）　司冰琳（首都师范大学副教授）
白长虹（南开大学教授）　　　孙中堂（天津中医药大学教授）
闫广芬（天津大学教授）　　　张伯伟（南京大学教授）
张峰屹（南开大学教授）　　　李建珊（南开大学教授）
李翔海（北京大学教授）　　　杨英杰（辽宁师范大学教授）
陈引驰（复旦大学教授）　　　陈　致（香港浸会大学教授）
陈　洪（南开大学教授）　　　周德丰（南开大学教授）
杭　间（中国美术学院教授）　侯　杰（南开大学教授）
俞士玲（南京大学教授）　　　赵　益（南京大学教授）
徐兴无（南京大学教授）　　　莫砺锋（南京大学教授）
陶慕宁（南开大学教授）　　　高永久（南开大学教授）
黄德宽（安徽大学教授）　　　程章灿（南京大学教授）
解玉峰（南京大学教授）

总　序

陈　洪　徐兴无

我们生活在文化之中,"文化"两个字是挂在嘴边上的词语,可是真要让我们说清楚文化是什么,可能就会含糊其词、吞吞吐吐了。这不怪我们,据说学术界也有160多种关于文化的定义。定义多,不意味着人们的思想混乱,而是文化的内涵太丰富,一言难尽。1871年,英国文化人类学家爱德华·泰勒的《原始文化》中给出了一个定义:"文化,或文明,就其广泛的民族学意义上来说,是包含全部的知识、信仰、艺术、道德、法律、风俗,以及作为社会成员的人所掌握和接受的任何其他的才能和习惯的复合体。"[①]其实,所谓"文化",是相对于所谓"自然"而言的,在中国古代的观念里,自然属于"天",文化属于"人",只要是人类的活动及其成果,都可以归结为文化。孔子说:"饮食男女,人之大欲存焉。"[②]在这种自然欲望的驱动下,人类的活动与创造不外乎两类:生产与生殖;目标只有两个:生存与发展。但是人的生殖与生产不再是自然意义上的物种延续与食物摄取,人类生产出物质财富与精神财富,不再靠天吃饭,人不仅传递、交换基因和大自然赋予的本能,还传承、交流文化知识、智慧、情感与信仰,于是人种的繁殖与延续也成了文化的延续。

所以,文化根源于人类的创造能力,文化使人类摆脱了

[①] [英]爱德华·泰勒:《原始文化》,连树声译,谢继胜、尹虎彬、姜德顺校,广西师范大学出版社,2005年,第1页。
[②] 《礼记·礼运》。

自然，创造出一个属于自己的世界，让自己如鱼得水一样地生活于其中，每一个生长在人群中的人都是有文化的人，并且凭借我们的文化与自然界进行交换，利用自然、改变自然。

由于文化存在于永不停息的人类活动之中，所以人类的文化是丰富多彩、不断变化的。不同的文化有不同的方向、不同的特质、不同的形式。因为有这些差异，有的文化衰落了甚至消失了，有的文化自我更新了，人们甚至认为："文化"这个术语与其说是名词，不如说是动词。[①] 本世纪初联合国发布的《世界文化报告》中说，随着全球化的进程和信息技术的革命，"文化再也不是以前人们所认为的是个静止不变的、封闭的、固定的集装箱。文化实际上变成了通过媒体和国际因特网在全球进行交流的跨越分界的创造。我们现在必须把文化看作一个过程，而不是一个已经完成的产品"[②]。

知道文化是什么之后，还要了解一下文化观，也就是人们对文化的认识与态度。文化观首先要回答下面的问题：我们的文化是从哪里来的？不同的民族、宗教、文化共同体中的人们的看法异彩纷呈，但自古以来，人类有一个共同的信仰，那就是：文化不是我们这些平凡的人创造的。

有的认为是神赐予的，比如古希腊神话中，神的后裔普罗米修斯不仅造了人，而且教会人类认识天文地理、制造舟车、掌握文字，还给人类盗来了文明的火种。代表希伯来文化的《旧约》中，上帝用了一个星期创造世界，在第六天按照自己的样子创造了人类，并教会人们获得食物的方法，赋予人类管理世界的文化使命。

---

① 参见[荷兰]C. A. 冯·皮尔森：《文化战略》，刘利圭等译，中国社会科学出版社，1992年，第2页。

② 联合国教科文组织编：《世界文化报告——文化的多样性、冲突与多元共存》，关世杰等译，北京大学出版社，2002年，第9页。

有的认为是圣人创造的,这方面,中国古代文化堪称代表:火是燧人氏发现的,八卦是伏羲画的,舟车是黄帝造的,文字是仓颉造的……不过圣人创造文化不是凭空想出来的,而是受到天地万物和自我身体的启示,中国古老的《易经》里说古代圣人造物的方法是:"仰则观象于天,俯则观法于地,观鸟兽之文与地之宜,近取诸身,远取诸物。"《易经》最早给出了中国的"文化"和"文明"的定义:"刚柔交错,天文也。文明以止,人文也。观乎天文,以察时变;观乎人文,以化成天下。"文指文采、纹理,引申为文饰与秩序。因为有刚、柔两种力量的交会作用,宇宙摆脱了混沌无序,于是有了天文。天文焕发出的光明被人类效法取用,于是摆脱了野蛮,有了人文。圣人通过观察天文,预知自然的变化;通过观察人文,教化人类社会。《易经》还告诉我们:"一阴一阳之谓道,继之者善也,成之者性也。仁者见之谓之仁,知者见之谓之知。"宇宙自然中存在、运行着"道",其中包含着阴阳两种动力,它们就像男人和女人生育子女一样不断化生着万事万物,赋予事物种种本性,只有圣人、君子们才能受到"道"的启发,从中见仁见智,这种觉悟和意识相当于我们现代文化学理论中所谓的"文化自觉"。

为什么圣人能够这样呢?因为我们这些平凡的百姓不具备"文化自觉"的意识,身在道中却不知道。所以《易经》感慨道:"百姓日用而不知,故君子之道鲜矣。"什么是"君子之道鲜"?"鲜"就是少,指的是文化不昌明,因此必须等待圣人来启蒙教化百姓。中国文化中的文化使命是由圣贤来承担的,所以孟子说,上天生育人民,让其中的"先知觉后知""先觉觉后觉"[①]。

---

① 《孟子·万章》。

无论文化是神灵赐予的还是圣人创造的,都是崇高神圣的,因此每个文化共同体的人们都会认同、赞美自己的文化,以自己的文化价值观看待自然、社会和自我,调节个人心灵与环境的关系,养成和谐的行为方式。

中国现在正处在一个喜欢谈论文化的时代。平民百姓关注茶文化、酒文化、美食文化、养生文化,说明我们希望为平凡的日常生活寻找一些价值与意义。社会、国家关注政治文化、道德文化、风俗文化、传统文化、文化传承与创新,提倡发扬优秀的传统文化,说明我们希望为国家和民族寻求精神力量与发展方向。神和圣人统治、教化天下的时代已经成为历史,只有我们这些平凡的百姓都有了"文化自觉",认识到我们每个人都是文化的继承者和创造者,整个社会和国家才能拥有"文化自信"。

不过,我们越是在摆脱"百姓日用而不知"的"文化蒙昧"时代,就越是要反思我们的"文化自觉",因为"文化自觉"是很难达到的境界。喜欢谈论文化,懂点文化,或者有了"文化意识"就能有"文化自觉"吗?答案是否定的。比如我们常常表现出"文化自大"或者"文化自卑"两种文化意识,为什么会这样呢?因为我们不可能生活在单一不变的文化之中,从古到今,中国文化不断地与其他文化邂逅、对话、冲突、融合;我们生活在其中的中国文化不仅不再是古代的文化,而且不停地在变革着。此时我们或者会受到自身文化的局限,或者会受到其他文化的左右,产生错误的文化意识。子在川上曰:"逝者如斯夫。"流水如此,文化也如此。对于中国文化的主流和脉络,我们不仅要有"春江水暖鸭先知"一般的亲切体会和细微察觉,还要像孔子那样站在岸上观察,用人类历史长河的时间坐标和全球多元文化的空间坐标定位中国文化,才能获得超越的眼光和客观真实的知识,增强与其他文化交

流、借鉴、融合的能力,增强变革、创新自己的文化的能力,这也叫做"文化自主"的能力。中国当代社会人类学家费孝通先生说:

> "文化自觉"是当今时代的要求,它指的是生活在一定文化中的人对其文化有自知之明,并对其发展历程和未来有充分的认识。也许可以说,文化自觉就是在全球范围内提倡"和而不同"的文化观的一种具体体现。希望中国文化在对全球化潮流的回应中能够继往开来,大有作为。[①]

因为要具备"文化自觉"的意识、树立"文化自信"的心态、增强"文化自主"的能力,所以,我们这些平凡的百姓需要不断地了解自己的文化,进而了解他人的文化。

中国文化是我们自己的文化,它博大精深,但也不是不得其门而入。为此,我们这些学人们集合到一起,共同编写了这套有关中国文化的通识丛书,向读者介绍中国文化的发展历程、特征、物质成就、制度文明和精神文明等主要知识,在介绍的同时,帮助读者选读一些有关中国文化的经典资料。在这里我们特别感谢饶宗颐和叶嘉莹两位大师前辈的指导与支持,他们还担任了本丛书的顾问。

中国文化崇尚"天人合一",中国人写书也有"究天人之际,通古今之变"的理想,甚至将书中的内容按照宇宙的秩序罗列,比如中国古代的《周礼》设计国家制度,按照时空秩序分为"天地春夏秋冬"六大官僚系统;吕不韦编写《吕氏春

---

① 费孝通:《经济全球化和中国"三级两跳"中的文化思考》,《光明日报》2000年11月7日。

秋》,按照一年十二月为序,编为《十二纪》;唐代司空图写作《诗品》品评中国的诗歌风格,又称《二十四诗品》,因为一年有二十四个节气。我们这套丛书,虽不能穷尽中国文化的内容,但希望能体现中国文化的趣味,于是借用了"二十四品"的雅号,奉献一组中国文化的小品,相信读者一定能够以小知大,由浅入深,如古人所说:"尝一脔肉,而知一镬之味,一鼎之调。"

2015年7月

目　录

导言:政治文化知识的古今链接
    关于"民本"的意义 / 5
    关于汉武帝"独尊儒术" / 9
    关于统一和分裂 / 10
    关于"封建"概念的使用 / 13

历朝兴废的周期性轮回
    中国古代王朝兴替的历史回顾 / 17
    是历史的进步还是历史的重复 / 21
    其兴之"浡"与其亡之"忽" / 24
    对于"周期率"的认识 / 30
    "打破这周期率":毛泽东与黄炎培的长谈 / 32

古代王朝的建国模式
    造反 / 37
    篡夺 / 39
    侵灭 / 41
    开国皇帝的文化资质 / 43

"取与守不同术"

贾谊的治国道路探索 / 49

《过秦论》的发现:"攻守之势异" / 52

"术""道""政"的必要调整 / 55

"取之守之者无异":秦关东政策的失败 / 57

王朝史扫描

"约法三章"故事 / 63

建国初期的文政 / 67

建国初期的武事 / 69

拨乱反正 / 73

功臣执政和功臣子执政 / 76

霸王道杂之

"为政以德"的原则 / 81

"以德治国"的"装饰"性意义 / 84

"德治"与"法治" / 87

汉宣帝的执政心得 / 91

"德治"的败局 / 94

关于历代"官数"

历代行政机构编制 / 99

编制数额与实际用人数 / 103

"冗官""冗吏" / 106

怎样"救官冗之敝" / 111

目录

官制与官治
- 察举制的意义 / 119
- 科举制与中国士大夫 / 121
- 古代"官箴" / 124
- 顾炎武的治官定律 / 131

历代王朝的政治危局与战略对策
- 历朝政治危局的形式与导因 / 139
- 政治危局导致社会灾难 / 144
- 危局对策成功：有效救治 / 146
- 危局对策失败：引致覆亡 / 149

古人的政治智慧
- 范蠡之学 / 153
- "四皓"的政治表现 / 157
- 贾谊"为富安天下"主张 / 161
- "冠于百王"的汉武帝 / 163
- 诸葛多智 / 169
- 民间政治幽默：中国古代的政治笑话 / 174

原典选读
- 《论语·为政》二则 / 180
- 《孟子·尽心下》一则 / 181
- [汉]贾谊：《新书》卷一《过秦》 / 182
- [唐]杜牧：《阿房宫赋》 / 188

［清］顾炎武:《日知录》卷八《都令史》《吏胥》《法制》
　　《省官》/ 190
［清］王夫之:《读通鉴论》卷六《光武一五》/ 196
［清］赵翼:《廿二史札记》卷二《汉初布衣将相
　　之局》/ 198

导言:政治文化知识的古今链接

中国历史以沿承之久远,创造之宏富,形式之繁盛,影响之广阔,在人类文明史上居于重要的地位。特别值得强调的是,中国与世界其他文化体系比较,数千年来,历史记载最为完整,历史遗存最为丰富,历史传承关系也最为明朗。

史学是传统国学的主干。史学实际上长期以来久已成为中国传统文化的基本构成内容。读史可以资治,这是历代治史者和读史者共同的认识。在中国古代,历来有"鉴古知今"的说法。熟悉历史知识,借鉴历史上的得失成败,吸取经验教训,明了历史规律,为现实服务,是中国千百年来久已形成的一种文化传统。司马迁在《史记》中曾经写道,"居今之世,志古之道,所以自镜也"(《史记》卷一八《高祖功臣侯者年表》)。司马贞《索隐》解释说:"言居今之代,志识古之道,得以自镜当代之存亡也。"唐代张九龄的《千秋金鉴录》、宋代司马光的《资治通鉴》、明代张居正的《帝鉴图说》等,其中的所谓"鉴",都是"自镜当代"政治的意思。

古来的正史,多以行政为主题,以"资治"为目的。这自然使得古来史籍对社会史和自然史的记录多有缺失。"资治"虽然是传统史书的局限,然而也使得历史文献成为政治文化信息的宝库。发掘和利用其中有积极意义的内容,是治史者的责任,也是所有关心中国历史文化和中国政治走向的人们的责任。

鲁迅论读史,曾经指出由此可以"给人明白我们的古人以至我们,是怎样的被熏陶下来的"(《准风月谈·我们怎样教育儿童的?》)。他在谈到清代文字狱的时候曾经说,读史,回视清人行政史中意识形态控制的方式,总结其"驾御汉人,批评文化,利用文艺"等手段,这样,"我们不但可以看见那策略的博大和恶辣,并且还能够明白我们怎样受异族主子的驯扰,以及遗留至今的奴性的由来的罢"(《且介亭杂文·买〈小学大全〉记》)。以"驯扰"两个字总结传统政治史观对人心的影响,确实精当。以"奴性"两个字概括中国国民性的阴暗面,也是合理的。鲁迅这段话中所谓"可以看见",所谓"能够明白",提示了我们试图"平心客观地""检讨传统政治"时应有的态度。

鲁迅的另一段话,也值得我们在回顾中国帝制时代行政史时引为参考:"古国的灭亡,就因为大部分的组织被太多的古习惯教养得硬化了,不再能够转移,来适应新环境。若干分子又被太多的坏经验教养得聪明了,于是变性,知道在硬化的社会里,不妨妄行。"(《华盖集·十四年的"读经"》)总结中国"传统政治"的这种普遍性的特征,发现"硬化的社会","硬化"的"组织"的演变形式,以及大胆"妄行"的"聪明"的"分子"们的表现,"明白"其中的规律,也是有意义的学术课题。他强调注意"古"与"新环境"的联系,用毛泽东的话来说,即"绳束古今为一贯"①,"明贯过去现在未来"②。这正是我们读史的意义,也是我们思考古来行政史,理解中国传统政治文化的意义。

鲁迅编入《华盖集》中的以下有关读史的议论,也说到了认识"过去"与建设"未来"的关系,值得我们今天细心品味:

"我们看历史,能够据过去以推知未来……(《答 KS 君》)

"历史上都写着中国的灵魂,指示着将来的命运。(《忽然想到(四)》)

"读史,就愈可以觉悟中国改革之不可缓了。"(《这个和那个》)

钱穆说:"政治乃文化体系中一要目。尤其如中国,其文化精神偏重在人文界。更其是儒家的抱负,一向着重修齐治平。要研究中国传统文化,绝不该忽略中国传统政治。"我们虽然并不完全赞

---

① 《致萧子升信》,1915 年 9 月 6 日,《毛泽东早期文稿》,湖南出版社,1990 年,第 25 页。
② 《致黎锦熙信》,1917 年 8 月 23 日,《毛泽东早期文稿》,第 87 页。

同钱穆关于"辛亥前后,由于革命宣传,把秦以后政治传统,用专制黑暗四字一笔抹杀"的批评,但是重视他关于"我们若要平心客观地来检讨中国文化,自该检讨传统政治"①的意见。我们认为,应当在这"检讨"的工作中,真正坚持"平心客观"的历史主义的态度,对于中国传统政治"专制黑暗"的一面,自然也不应当回避。

我们还可以引用钱穆的另一段话:"我们平心从历史客观方面讲,这两千年来,在政治上,当然有很多很可宝贵的经验,但也有很多的流弊。"②总结这些经验,揭露这些流弊,是政治史研究者的任务。中国传统行政方式形成的历史秩序是稳定的,有学者称之为"超稳定结构"。如果以文化史的视角考察相关政治现象,也许会有重要的发现。讨论中国传统政治文化,有若干认识应予澄清。比如,关于"民本"的意义,关于汉武帝"独尊儒术",关于统一和分裂,关于"封建"概念的使用。

---

① 钱穆:《中国历代政治得失·序》,生活·读书·新知三联书店,2001年,第1页。
② 钱穆:《中国历代政治得失·总论》,第170页。

导言：政治文化知识的古今链接

关于"民本"的意义

总结中国政治观念史，不能不重视"民本"思想的生成、演变和影响。将"民本"思想看作中国传统政治文化中源远流长的珍贵历史遗产，是适宜的。

"民本"思想的历史渊源，可以由"民惟邦本，本固邦宁"（《尚书·甘誓》）等言论的最初发表，在商周时代发现其端倪。这或许反映了原始民主的传统在城邦政治生活中还起着重要作用。通过对《国语·周语上》所见"防民之口，甚于防川"以及《孟子·尽心下》所见"民为贵，社稷次之，君为轻"等意识的分析，可以看到"民本"思想有时可以发出响亮的声音。有学者指出，事实上，一方面，秦汉以后，两千多年来，中国社会"并没有把'民本'思想排除在官方意识形态之外"，"稍微明智一些的"执政者"都要把自己打扮成民众的保护者",绝不会"公开否定'民本'思想"。因为这种"否定",即意味着"毁坏了自己统治的历史合法地位"。另一方面,"民本"又最终变成了"一种根本无法实现的政治空话","二千多年中国封建社会的政治生态,实际上是对'民本'思想的无情嘲弄和践踏"①。

  说到对"民本"思想的"丰富",贾谊的贡献是值得肯定的。他的《新书·大政上》写道:"闻之于政也,民无不为本也。国以为本,君以为本,吏以为本。"他又指出:"夫民者,至贱而不可简也,至愚而不可欺也。故自古至于今,与民为仇者,有迟有速,而民必胜之。"论点之鲜明,给人形成极深的历史印象。贾谊主张以民为本,应当落实于使民众得到看得见的物质利益的有效政策上。对于这样的观念,贾谊是这样表述的:"夫为人臣者,以富乐民为功,以贫苦民为罪。"也就是说,执政者成功的政绩,应当表现为使民众"富乐"。然而,贾谊这一认识的出发点,却在于"安民",在于"牧民"的成功。这就显现出这种"民本"口号的意识基点,本质上其实又是反"民本"的。贾谊在《过秦论》中写道:"先王者,见终始之变,知存亡之由,是以牧民之道,务在安之而已矣。天下虽有逆行之臣,必无响应之助,故曰:'安民可与为义,而危民易与为非。'此之谓也。"据《汉书》卷二四上《食货志上》,贾谊曾经说,"殴(驱)民而归之农,皆著于本,使天下各食其力",以为这样则"可以为富安天下"。他的《新书·无蓄》中,也有"可以为富安天下"的话。贾谊"为富安天下"的设计,即以经济发展保证政治安定的战略预想,因文景之治的成功,可以说基本上实现了。我们通过贾谊所强调的"牧民之道,务在安

---

① 林甘泉:《中国古代政治文化论稿》,安徽教育出版社,2004年,第227—228页。

导言：政治文化知识的古今链接

之"的政治观点，以及"为富安天下"的经济政策，可以体会当时作为"官方意识形态"的"民本"的实质。

中国古代的"民本"与今天人们常说的"民主"有什么关系？林甘泉指出，"'民惟邦本'这个思想命题在近代中国被注入了新的理论内容，成为推动社会进步的重要思想武器"。"传统的'民本'思想是在承认专制君主权威至上的前提下，来观照'民'之为'邦本'的。"然而在明末清初，已经有进步的思想家站立起来，"利用'民本'思想来反对皇权至上的专制主义统治"。黄宗羲指斥君主"为天下之大害者"等言论，即"透露了近代民主启蒙的气息"。而后来严复《辟韩》所谓"斯民也，固斯天下之真主也"，"秦以来之为君，正所谓大盗窃国者耳"，谭嗣同《仁学》所谓民对于君可以"共举之，则且必可共废之"等等，"已经带有浓厚的近代民主色彩，可以说是突破传统'民本'思想内涵的一大进步"。林甘泉教授的以下分析也是准确的，"资产阶级改良派承认人民是国家之'真主'，但又主张君主立宪，反对民主共和，这在理论上显然是有矛盾的。他们对此的解释是因为中国的国民素质太差，由专制而达共和需要经过立宪这一阶段。康有为说：'欲速变法以救危亡，非先得圣主当阳不为功；欲定良法而保长久，非改为立宪民权不为治。'梁启超则宣称：'共和的国民心理，必非久惯专制之民能以一二十年之岁月而养成'，'今日中国国民未有可以为共和国民之资格'。这就暴露了他们主张民权的不彻底性和虚伪性"①。令人难以理解的是，现今依然有人以类似"中国的国民素质太差"，"今日中国国民未有可以为共和国民之资格"的说法阻滞中国政治改革的进程。中国人是"久惯专制之民"，难道强制他们继续"惯"于"专制"，就可以

---

① 林甘泉：《中国古代政治文化论稿》，第231—233页。

自然"养成""共和的国民心理"了吗？李大钊在《平民主义》一文中写道："纯正的'平民主义'，就是把政治上、经济上、社会上一切特权阶级，完全打破；使人民全体，都是为社会国家作有益的工作的人；不须用政治机关以统治人身，政治机关只是为全体人民属于全体人民而由全体人民执行的事务管理的工具。"毛泽东在《新民主主义的宪政》也指出，"中国的事情是一定要由中国的大多数人作主"[①]。毛泽东说这句话，是在75年前。李大钊推崇"平民主义"的文章，已经发表了近百年。梁启超说，"共和的国民心理，必非久惯专制之民能以一二十年之岁月而养成"，而时至今日，已经过去了好多个"一二十年之岁月"。人们的感觉，正如鲁迅在《中国小说的历史的变迁》中所说，"许多历史学家说，人类的历史是进化的，那么，中国当然不会在例外，但看中国进化的情形，却有两种很特别的现象：一种是新的来了好久之后而旧的又回复过来，即是反复；一种是新的来了好久之后而旧的并不废去，即是羼杂。然而就并不进化吗？那也不然，只是比较的慢，使我们性急的人，有一日三秋之感罢了"。

[①]《毛泽东选集》，人民出版社，1967年，第690页。

导言：政治文化知识的古今链接

关于汉武帝"独尊儒术"

汉武帝"罢黜百家，独尊儒术"，已经成为许多人意识中的学术成见。其实，有的学者已经指出，"独尊儒术"并不是汉武帝的文化政策。事实上，无论是汉武帝还是对他的文化方针形成显著影响的董仲舒，都并没有说过"独尊儒术"这样的话。

现在许多有关汉武帝的论著，都人云亦云，以"罢黜百家，独尊儒术"

《三才图会》汉武帝像

作为这位帝王的突出政治表现。甚至有的历史教科书也采用了这一说法。

《汉书》卷九《元帝纪》说，汉宣帝以尊崇的态度对待儒学，但是在行政实际运作方面，却仍然比较注重任用有实际管理能力、熟悉法令政策的所谓"文法吏"，并且以刑名为基准考核臣下。曾经有一些地位很高的官僚因罪处死，太子刘奭（即后来的汉元帝）以为当时持刑过于严酷，建议重用儒生主持政法。汉宣帝则严厉训斥道：我汉家自有制度，"本以霸王道杂之"，怎么可以单用德教，回复儒学倡导的周政呢！况且俗儒不达时宜，喜好是古非今，使人陷入无谓的空论，以致不知所守，何足委任！且不说所谓"本以霸王道杂之"鲜明地体现了汉王朝执政集团对于儒学的真实态度，即使有意强调儒学地位空前上升的事实，也不可以虚构"独尊儒术"这样的政策，并把它强加给古人。

关于统一和分裂

统一和分裂的问题,是研究中国古代政治史,研究中国古代政治文化无可回避的重要问题。

有的学者说:"秦合并六国,成为跨地区的统一的国家。此后,合了分,分了合,反反复复。但总的趋势是,从时间上看,合长于分;从空间上看,合的范围逐渐扩大;从程度上看,合的稳定性越来越强化。可以说,统一是中国历史进程中的主要趋势。"①有的学者说:"在中国历史的漫长发展过程中,出现过统一的局面,也存在过分裂的时期。表面上看,历史的发展似乎是在分合的循环往复中进行的。实际上,只要我们作认真分析研究,就会发现中国古代历史发展的总趋势是国家统一的不断加强和巩固。"②这些论点,都是值得重视的。

对于历史上统一和分裂的时代比较,一些研究者提出了不同的意见。

葛剑雄说,如果以秦始皇灭六国的公元前221年至清亡的1911年为计算阶段,第一标准的统一时间占总数的4%,第二标准的统一时间占总数的45%。如果从有比较明确纪年的西周共和(前841)算起,前者约占3%,后者约占35%。

论者所谓"第一标准",就是"以历史上中国最大的疆域为范围"。所谓"第二标准",就是"把基本上恢复前代的疆

---

① 《国家统一与历史进步》,《光明日报》1997年9月16日。
② 《国家统一与历史进步》,《光明日报》1997年9月16日。

域、维持中原地区的和平安定作为标准"。①

有的学者则认为,中国古代"真正分裂"的时间"只有100余年"。他说:"自秦朝至清朝的2 100多年间,秦、西汉、东汉、西晋、隋、唐、北宋、元、明、清这十个王朝,国家基本上都是统一的,时长1 600余年。三国、东晋与十六国及南北朝,五代十国,南宋与金等四个时期是分裂的,时长500余年;可是其间有400年为民族对立和战争时期,与我们通常所说的国家分裂并不一样。如除去这400余年,则只有100余年是真正分裂时期,即'魏蜀吴三国'时期和'五代十国'时期。而'五代十国'也有重大的民族问题存在。总之,从上述情况来看,在这2 100年间,统一是中国历史的主流,是中国历史发展中的基本方面;分裂是中国历史的支流,是中国历史发展中的非基本方面。"②

对于中国"大一统"的历史,以往的估价时有过高的偏向。将"分裂"的时段限定在"只有100余年",看来是并不符合历史真实的。什么是"我们通常所说的国家分裂"? 既然承认中国是多民族国家,就不应该将因"民族对立和战争"导致的"分裂"从中国历史中随意剔除出去。葛剑雄曾经指出:"我们所说的中国,绝不应该等同于商、周、秦、汉、晋、隋、唐、宋、元、明这些中原王朝,也不应该等同于汉族聚居区或中原地区,而必须包括我们所明确规定的地理范围内的一切政权和民族。"③

说到"统一",不能不涉及"统一"的合法性问题。林甘泉

---

① 葛剑雄:《统一与分裂:中国历史的启示》,生活·读书·新知三联书店,1994年,第79页。
② 张传玺:《中国古代国家的基本特征》,国家教委高等学校社会科学发展研究中心组织编写《中外历史问题八人谈》,中共中央党校出版社,1998年,第402页。
③ 葛剑雄:《统一与分裂:中国历史的启示》,第40页。

指出,中国古代史学家在论述分裂割据的历史时,常遇到一个谁是"正统"的问题。有些割据政权的统治者"尽管偏安一隅,仍以'正统'自居"。"他们视别的割据政权为'僭伪',认为只有自己才有资格实现统一的事业。""从近代民主政治的观点看来,所谓'正统'与'僭伪'之辨实在是荒谬可笑的",因为这无非一种"'家天下'思想在作祟"。这一点,已经为明末清初一些具有近代启蒙思想的清醒的学者所注意。王夫之分析历史上"一合一离之局"变化情形之后对专制主义正统观念有激烈的抨击:"有离有绝,固无'统'也,又何'正'不'正'邪?以天下论者,必循天下之公,天下非一姓之私也。"①

林甘泉还特别指出:"我们强调统一对于国家发展的重要意义,当然不是说,在分裂割据时期,历史就毫无可取之处了。无论是三国、南北朝、五代十国或宋辽金时期,在不同割据政权地区,社会经济都有不同程度的发展。以南方而言,从孙吴经东晋南朝、五代十国到南宋,经济的开发就有显著的成效。太湖流域的苏、杭、常、湖等州,在宋代已是农业生产最发达的地区。腐朽的南宋王朝,正是依靠富庶的南方经济,才勉强支撑了一百五十多年。"②这样的历史现象,的确是关心中国历史文化的人们应当注意的。

看来,有的人认为无论在什么条件下,都是"大一统"为好,统一的规模越大越好,以及无论在什么条件下,都是集权为好,集权的程度越高越好的观念,其实是不正确的。历史过程是复杂的,正如林甘泉所说,"专制主义中央集权国家对经济发展所起的破坏作用,有时比促进作用更大"③。

---

① [清]王夫之:《读通鉴论》卷末《叙论一》,中华书局,1975年,下册第950页。
② 林甘泉:《中国古代政治文化论稿》,第337—342页。
③ 林甘泉:《中国古代政治文化论稿》,第174页。

关于"封建"概念的使用

曾经有一个阶段,历史著作包括通行教科书频繁使用"封建"这一概念。关于"封建"一语的来由,有学者指出,"其古汉语义为'封土建国''封国建藩',原指殷周(尤其是西周)实行的分封制,与秦以降实行的郡县制相对立"。论者还指出:"近代中日两国学人均以'封建'对译西方史学术语 feudalism,是较为准确的。西欧中世纪的社会制度 feudalism,在形貌上与中国殷周封建制,日本镰仓幕府、室町幕府、江户幕府时期的制度颇多相近处,如层层分封,领有家邑、采地的世袭贵族,对上面的王者,是承担军事及财赋义务的封臣,又具备一定的政权独立性;对下面的采邑内的附庸、庶众,则是政治、经济上的主宰者。严复、梁启超、孙中山等直到民国年间都在'分封'义上使用'封建制度',并与 feudalism 相对应。至于日本,自明治初年以迄当下,均在此一意义上使用'封建''封建制度',论及中国史,不以'封建时代'冠于秦汉以后列朝。"然而,"中国从 20 世纪 20 年代中期,由于共产国际相关术语(如称现实中国社会为'半封建'等)的传播,尤其是 1930 年前后中国社会科学界开展的社会性质论战,其一派将'封建''封建制度'注入了与'封土建国'无关的全新含义,并将秦汉至明清这颇不'封建'的两千余年历史,定名为'封建时代'。以后,这种新义'封建'渐渐推广,近半个多世纪已经约定俗成。一个概念的内涵与外延,古今有沿有革,旧概念赋予新含义,既是允许的,也是必要的,但这种新义应以同词的古义为基点,并尽可能与国际通用义接轨。如果与古义、国际义两不搭界,又脱离了该汉字词词形提供的词义展开空间,这种'新义'便如空穴来风,负荷这种'新义'的新词,就脱离了中外古今坐标系的正常轨迹,既未求得古今流变的合理性,也没有达成中西义对接的准确性。十分遗憾,今天我国通用的'封建',就是一个这样的误植词"。论者还建议:"最好以'宗法专制社会'取代'封建社会'以指称秦汉至明清的社会形态,而以'封建社会'专指西周,或扩指殷周,这样理解起来就不易造成误会。"①这种意见是颇具代表性的,现在已经为相当多的历史学者所赞同。

有些赞同继续使用"封建社会""封建制度""封建时代"这种语汇的学者,则以已经"约定俗成"作为理由。不过,就这种所谓"约定俗成",对老一辈学者自然不必苛求,相信许多现今正在从事史学研究的学者们也容易理解,但是对于刚刚或者即将迈进史学领域的青年学子,对于一般的历史著作的读者,显然应当按照科学的认识,不再使用这一并不符合历史真实的概念。

---

① 冯天瑜:《中西日文化对接间汉字术语的厘定问题》,《光明日报》2005年4月13日。

历朝兴废的周期性轮回

考察中国古代政治史,可以看到一种非常引人注目的现象,这就是王朝的盛衰与兴亡呈现交替重复的规律。

《左传·庄公十一年》记录了鲁国大臣臧文仲这样一段政治评论:"禹、汤罪己,其兴也悖焉;桀、纣罪人,其亡也忽焉。"说夏禹和商汤这样的先古圣王在出现政治失误时每每责罚自己,国家因此勃然兴盛;而夏桀和殷纣这样的昏暴之君在出现政治失误时却总是归罪于人,政权于是迅速灭亡。杜预解释说:"悖,盛貌。忽,速貌。"

与《左传》这段文字相类同的内容,又见于《说苑·君道》和《韩诗外传》卷三,不过,代言的主体前者是君子,后者是孔子。《说苑·君道》写道:"君子曰:'……昔者夏桀、殷纣不任其过,其亡也忽焉;成汤、文、武知任其过,其兴也勃焉。'"《韩诗外传》卷三之十七也说:"孔子曰:'昔桀、纣不任其过,其亡也忽焉。成汤、文王知任其过,其兴也勃焉。'"

《左传》说"禹、汤",《说苑》和《韩诗外传》则写作"成汤、文、武"和"成汤、文王"。"悖"字和"勃"字原本相通,有时又写作"浡"字。陆德明《经典释文》卷一五《春秋左氏音义之一》:"悖焉,……一作勃,同盛貌。"《后汉书》卷六六《陈蕃传》李贤注:"《左传》曰:'禹、汤罪己,其兴也勃焉。桀、纣罪人,其亡也忽焉。'杜预注曰:'勃,盛也。'"《尔雅·释诂》:"浡,……作也。"郭璞注:"浡然,兴作貌。"邢昺疏:"浡然,兴作貌。庄公十一年《左传》云:'禹、汤罪己,其兴也浡然。'"《新唐书》卷一三《礼乐志三》又写作"其兴也暴","暴"在这里与"勃""浡"同义。

后来人们有时用"其兴也浡焉,其亡也忽焉"这样的说法来总结中国古代王朝频繁兴替的现象。有人认为这种循环往复的"兴"与"亡",已经形成了一种"周期率"。

中国古代的政治史是诸多政权交替兴衰的历史。《红楼梦》第一回《甄士隐梦幻识通灵,贾雨村风尘怀闺秀》所谓"乱烘烘,你方唱罢我登场",用漫画笔法描绘了这样的历史过程。我们看到,每一个王朝起初"登场"的新兴的统治集团大多风风火火地出台,堂堂正正地亮相;而终于"唱罢"的前代执政者,最后总是以丑角形象仓皇退场。

分析历史上有关现象,有益于认识中国政治史的若干规律,也可以为今天从事政治管理的人们提供某种历史经验。

中国古代王朝兴替的历史回顾

自公元前221年秦王朝实现"大一统"到1911年清王朝灭亡,中国历史上先后共存在过62个正式的王朝,统治时间平均30年左右。有26个王朝执政时段超过40年。实际上大略可以看作统一王朝的只有11个,即秦、西汉、新、东汉、西晋、隋、唐、北宋、元、明、清,平均统治时间146年。自西汉王朝之后,东汉王朝、唐王朝、北宋王朝、明王朝、清王朝统治的时代,都是大体能够实现社会稳定、创造文化辉煌的时代,分别都在200年左右,或者200多年。准确地说,这些王朝统治的历史,西汉214年,东汉195年,唐289年,北宋167年,明276年,清267年。这中间也有少许误差。例如,西汉纪年,通常从公元前206年算起,然而这实际上是刘邦王汉中的年代。垓下决战胜利,汉并天下,是在公元前202年,这样说来,西汉王朝统治的年代实际上前后共 210 年。又如汉光武帝刘秀在公元 25 年称帝,以这一年为建武元年,而东汉王朝平定割据势力,真正实现统一,是在建武十二年(36)。这里为了方便起见,我们采用一般的计算方法。

总结历代王朝迭相更替的历史,可以有重要的发现。

曾经在民间广泛流行的蒙学课本《三字经》,是这样追述历代王朝更替的历史的:

> 夏有禹,商有汤,周文武,称三王。夏传子,家天下,四百载,迁夏社。汤伐夏,国号商,六百载,至纣亡。周武王,始伐纣,八百载,最长久。周辙东,王纲坠,逞干戈,尚游说。始春秋,终战国,五霸强,七雄出。嬴秦氏,始兼并,传二世,楚汉争。高祖兴,汉业建,至孝平,王莽篡。光武兴,为东汉,四百年,终于献。魏蜀吴,争汉鼎,号三国,迄两晋。宋齐继,梁陈承,为南朝,都金陵。北元魏,分东西,宇文周,与高齐。迨至隋,一土宇,不再传,失统绪。唐高祖,起义师,除隋乱,创国基。二十传,三百载,梁灭之,国乃改。梁唐晋,及汉周,称五代,皆有由。炎宋兴,受周禅,十八传,南北混。辽与金,皆称帝,元灭金,绝宋世。莅中国,兼戎狄,九十年,国祚废。太祖兴,国大明,号洪武,都金陵。迨成祖,迁燕京,十七世,至崇祯。权奄肆,寇如林,至李闯,神器焚。清太祖,应景命,靖四方,克大定。廿一史,全在兹,载治乱,知兴衰。

这应当就是长期以来一般民众所认识的历史,所理解的历史。历代所谓"治乱"与"兴亡",从起初的"兴""起""创""建",到最终的"篡""废""坠""亡",看起来大都遵循着同样的轨道。《尚书·太甲下》写道:"与治同道罔不兴,与乱同事罔不亡。"是说"治"则"兴","乱"则"亡"。

正史往往以政治史为主体内容,梁启超在《中国史界革命案》中写道:"二十四史非史也,二十四姓之家谱而已。"鲁迅《且介亭杂文·中国人失掉自信心了吗》也尖锐地批评中国传统史学是"为帝王将相作家谱的"的学问。在这些文献中,人们所看到的历史,其实大都是一个个王朝"兴亡"历程的记录。一个王朝由"兴"而"亡",再继之以一个新的王朝的"兴",随后又是这一由"兴"而"亡"的历史过程的再一次重复。

汉代学者董仲舒在《春秋繁露·精华》中写道:"古之人有言曰:'不知来,视诸往。'今春秋之为学也,道往而明来者也。""吾按《春秋》而观成败,乃切悁悁于前世之兴亡也。"视往而知来,道往而明来,考察前代的"成败"与"兴亡",总结有关的政治经验,这是传统中国社会的著史者们、论史者们以及读史者们的共同动机。唐代诗人笔下所谓"慨焉感兴亡"(李峤:《奉使筑朔方六州城率尔而作》,《全唐诗》卷五七),所谓"著论谈兴亡"(李白:《赠别舍人弟台卿之江南》,《李太白文集》卷九),所谓"引古惜兴亡"(杜甫:《壮游》,《补注杜诗》卷一二),所谓"下笔证兴亡"(孟郊:《读张碧集》,《孟东野诗集》卷九),所谓"史书阅兴亡"(杜牧:《冬至日寄小侄阿宜诗》,《全唐诗》卷五二〇),等等,也都体现了文化人对古来"兴亡"同样的关心。

位居执政集团中枢的帝王将相,更往往集中非常的精力特别瞩目于历代王朝"兴亡"更替的历史演变。唐太宗李世民与魏徵等人讨论政治史的进程时,就曾经指出他所注意到的"看古之帝王,有兴有衰,犹朝之有暮"的规律(《贞观政要·政体》)。

对于古代政权这种"兴亡"的交替,在传统政治意识中,通常以为是"天数"所定,也就是说"天命"实际上已经事先规范了一个王朝存在于历史时段上的限数。历代服务于帝王将相的文士中,有专门以占星、卜事、望气等技术期望探求窥知这种"天数"的。当然,开明之士也有"数虽天定,业乃人为"[①]的比较清醒而积极的认识,着重强调"人为"因素对于历史进程的意义,然而持这种见解的人,其实质上依然没有能够否定"天数"的作用。

---

① [明]李东阳:《对鸥阁赋》,《文前稿》卷一,《李东阳集》第 2 卷第 10 页,岳麓书社,1985 年。

是历史的进步还是历史的重复

古代中国新旧王朝的更替,是人所共见的历史事实。对于这种事实所反映的历史变化的性质和意义,则有不同的认识。

对于这种王朝更替的过程,新王朝的统治者看作是革故创新,是一种"革命"。"革命"这一政治语汇的最初使用,就是指这种历史现象。《周易·革》说:"天地革而四时成,汤、武革命,顺乎天而应乎人。"唐代学者孔颖达解释说:"夏桀、殷纣,凶狂无度,天既震怒,人亦叛主,殷汤、周武,聪明睿智,上顺天命,下应人心,放桀鸣条,诛纣牧野,革其王命,改其恶俗,故曰'汤、武革命,顺乎天而应乎人'。"夏王朝的末代君主夏桀和商王朝的末代君主殷纣凶暴残虐至极,于是上天震怒,民众叛离,商汤和周武王具有优异的政治资质,奋起义兵,把夏桀流放到鸣条,在牧野击败殷纣,终于取而代之。这种政权转换、王朝更替的现象,都被理解为顺应"天命"和"人心"的"革命"。

然而客观地说,历史上多次发生的这种改朝换代的过程,从宏观的视角考察,究竟是不是真正推动了历史的前进呢?是体现出了历史的进步,还是仅仅不过是历史的往复的循环、历史的简单的重复呢?

在每个新王朝建立之初,代表着新兴政治势力的执政者们总是宣称"其兴也浡焉"的政治成功是"天命"的体现,是"天意"的实践。这当然首先是一种利用神秘主义文化的社会影响来美化自我、抬高自我、扩张自我的政治宣传,然而在当时也未尝不是相当一部分人内心的真实的政治情感的反映。也就是说,新的王朝的建立,在一定的历史条件下,可以说确实往往是新生的富有朝气的政治势力战胜腐恶的代表保守的社会阶层的政治势力的成功。例如汉王朝取代秦王朝,唐王朝取代隋王朝就是如此。

　　从这一角度来看,这种新旧更替,与其说是"天意"的作用,毋宁说是"民意"的作用。前面引述的孔颖达赞美"殷汤、周武"的话,"上顺天命,下应人心",后半句看来是对的。

　　唐太宗贞观年间,魏徵曾经上疏发表对于前朝"兴亡"的分析意见。他说,自古受天命者,"控御英雄,南面临下",都希望能够"本支百世,传祚无穷",然而往往"克终者鲜,败亡相继",很少能够保持起初的朝气和活力,得以善始善终。其原因究竟在哪里呢?魏徵以为,这都是因为"失其道也",即忘却了成功执政的合理的政治原则。以隋王朝为例,起初以英锐的政治风格勃然兴起,一时"统一寰宇,甲兵强锐","风行万里,威动殊俗",雄师推行一统,武威震撼四方。然而因为压迫剥削民众过于残重,以致"民不堪命,率土分崩",实现统一不过 29 年的隋帝国迅速灭亡。魏徵总结其"兴亡"的经验教训,严肃地说,"怨不在天,可畏惟人,载舟覆舟,所宜深慎"(《贞观政要·君道》)。指出在王朝覆亡的历史过程中起决定作用的其实并不是"天命",而是"人心"。

　　这里所谓"载舟覆舟"云云,原本见于《孔子家语·五仪解》中所引孔子的话:"夫君者,舟也;庶人者,水也。水所以载舟,亦所以覆舟。君以此思危,则危可知矣。"此外,《荀子·王制》也写道:"庶人安政,然后君子安位。传曰:'君者,舟也;庶人者,水也。水则载舟,水则覆舟。'此之谓也。故君人者,欲安、则莫若平政爱民矣。"都使用了一个非常贴切,又富有历史哲理的比喻,说民众好比水,君王犹如船,水流和顺，则可以平安地载负执政者，浪潮激逆，也可以使执政者倾覆，陷于灭顶之灾。也就是说，民众的立场、民众的意志、民众的倾向，在根本上决定着政权的存亡安危。

从"水则载舟"的角度说，新王朝的建立，在一定意义上是得到民众相对的拥戴的，而社会的安定、经济的恢复，也是适宜于历史进步的条件。中国古代若干所谓"盛世"，可以说，正是在这样的历史条件下形成的。

回顾历史，我们可以看到，从秦代到清代，中国社会状况在这种频繁发生数十次的演变历程中尽管实现了缓慢的进步，但是以专制主义体制为主体结构的中国政治形式本身，则似乎并没有发生根本性的历史变化。

其兴之"浡"与其亡之"忽"

中国古代王朝的"兴亡",有大致相类同的演化过程。总结这种过程共同的历史规律,对于我们理解中国政治史,是有积极的意义的。

古代王朝更替过程中其兴之"浡"与其亡之"忽",是特别值得注意的现象。

一个王朝在兴起之时,其创始者往往代表着新生的社会力量,体现着先进的社会要求。新王朝的政治风格具有积极进取的特征,执政者往往能够朝气蓬勃,意气风发,同时也注意谦虚谨慎,戒骄戒躁,于是政风清新,政府有较高的效率,政治、经济、文化等多方面的创获十分富集。

然而,每一个王朝都不能避免"其亡也忽焉"的历史命运。

"兴亡"之间,有多种历史因素的合力的作用,而统治阶层本身的因素,起着决定性的作用。特别是反复发生的旧王朝"其亡也忽焉"的历史事实,有积极的警示作用。

汉初具有战略眼光的政治思想家贾谊有《过秦论》与《治安策》传世。朱熹曾经说,"汉初贾谊之文质实"。又说:"贾谊固有才,文章亦雄伟。"(《朱子语类》卷五八《孟子八》)鲁迅在《汉文学史纲要》中曾经赞赏贾谊的政论:"为西汉鸿文,沾溉后人,其泽甚远。"毛泽东对于贾谊的政治识见也有高度的评价。他在 1958 年 4 月 27 日致田家英的信中写道:"《治安策》一文是西汉一代最好的政论,贾谊于南放归来著此,除论太子一节近于迂腐以外,全文切中当时事理,有一种颇好的气氛,值得一看。如伯达、乔木有兴趣,可给一阅。"①《过秦论》是最早的以战略眼光较系统地总结秦王朝兴亡的历史,较全面地分析秦政之功过得失的著名政论。贾谊写道:秦始皇执政之后,"续六世之余烈,振长策而御宇内,吞二周而亡诸侯,履至尊而制六合,执棰拊以鞭笞天下,威振四海"。秦以无敌于天下的军事强力,一一剪灭六国,实现了统一,当时,新建立的秦王朝在一定程度上是得到了民众的拥护的,据说"普天之下,抟心揖志","天下之士斐然乡风","莫不虚心而仰上"。于是,"秦王之心,自以为关中之固,金城千里,子孙帝王万世之业也"。一心以为帝祚永久,可以传于万世。但是仅仅过了12年,公元前209年7月,陈胜倡义,"斩木为兵,揭竿为旗,天下云合响应"。两年之后,刘邦军入咸阳,秦帝国灭亡。秦始皇建立的中国历史上第一个高度集权的大一统的专制主义帝国迅速灰飞烟灭,被后代史家看作必须记取的历史教训。

秦政之失,在于"吏治刻深"与"赋敛无度",是人们大都注意到的。贾谊特别指出秦始皇"行自奋之智,不信功臣,不亲士民,废王道而立私爱"的特点,实际上已经涉及秦王朝专制政治在体制方面的根本弊病。

贾谊说:"秦王足己而不问,遂过而不变。二世受之,因而不改,暴虐以重祸。"这样的政权,"亡不亦宜乎?"以为极端专制的秦王朝迅速灭亡,是历史的必然。贾谊还具体描述了秦政的这一特色:"秦俗多忌讳之禁也,忠言未卒于口,而身糜没矣。故使天下之士倾耳而听,重足而立,阖口而不言。"言论的严格禁锢,是专制制度的突出特征。不过,这种禁锢并不能平息民众的怨愤,反而会激起更强烈的反抗。正如

---

① 《毛泽东书信选集》,人民出版社,1983年,第539页。

《过秦论》所指出的:"秦之盛也,繁法严刑而天下震;及其衰也,百姓怨而海内叛矣。"

秦王朝和隋王朝都是以极强大的军事政治实力实现了统一,然而却不久就迅速崩溃的政权,被看作"其兴也浡焉,其亡也忽焉"的最典型的实例。

导致历代王朝"其亡也忽焉"的历史条件,有政争、外侵、天灾、民变等。除了以上诸因素,统治阶级上层的极度腐败是尤其值得总结的历史教训。

列宁曾经从三个方面指出"革命形势的特征":"(1)统治阶级不可能照旧不变地维持自己的统治;'上层'的某种危机,即统治上层的政治危机,给被压迫阶级的愤怒和不满造成一个爆破的缺口。光是'下层不愿'照旧生活下去,对革命的到来通常是不够的;要革命到来还须'上层不能'照旧生活下去。(2)被压迫阶级的贫困和灾难超乎寻常的加剧。(3)由于上述原因,群众积极性大大提高,这些群众在'和平'时期忍气吞声地受人掠夺,而在动荡时期,整个危机形势和'上层'本身都迫使他们去进行独立的历史性的发动。"[①]

有些政论家特意从统治者的性格特征、行政风格和具体政策方面寻找政权覆灭的原因。《春秋繁露·精华》写道:"鲁僖公以乱即位,而知亲任季子,季子无恙之时,内无臣下之乱,外无诸侯之患,行之二十年,国家安宁;季子卒之后,鲁不支邻国之患,直乞师楚耳;僖公之情,非辄不肖,而国衰益危者,何也?以无季子也。以鲁人之若是也,亦知他国之皆若是也,以他国之皆若是,亦知天下之皆若是也,此之谓连而贯之,故天下虽大,古今虽久,以是定矣。以所任贤,谓之主

---

① 列宁:《第二国际的破产》,《列宁选集》,人民出版社,1972年,第2卷第620—621页。

尊国安,所任非其人,谓之主卑国危,万世必然,无所疑也。""是故任非其人,而国家不倾者,自古至今,未尝闻也。"董仲舒说,国家的安定或者危亡,关键在于最高执政者的用人思想和用人政策。《贞观政要·君臣鉴戒》:"贞观六年,太宗谓侍臣曰:'朕闻周、秦初得天下,其事不异。然周则惟善是务,积功累德,所以能保八百之基。秦乃恣其奢淫,好行刑罚,不过二世而灭。'"李世民说,秦迅速败亡的教训,在于最高统治者生活奢淫,又专好刑罚。有的清醒的分析家则指出,导致王朝崩溃的因素,并不在于一两个最高统治者个人的品质和才识,或者他们一时一事的失误,而在于整个统治阶层的政治素质,在于整个政治体制的运行机能。

明末清初的思想家顾炎武的名著《日知录》卷二有"殷纣之所以亡"条,其中发表了这样的见解:"自古国家承平日久,法制废弛,而上之令不能行于下,未有不亡者也。"顾炎武说:"然则论纣之亡、武之兴,而谓以至仁伐至不仁者,偏辞也,未得为穷源之论也。"他指出,纣是由于"不仁"而亡天下的,人人都这样认为,我却以为不尽然。纣身为国君,沉湎于酒,又有刳孕斫胫的残暴行为,后世只有以淫乱残酷著名的北齐文宣帝高洋可以和他相比。然而实际上"商之衰也久矣",《尚书·盘庚》说到卿大夫不从君令,《尚书·微子》说到小民不畏国法,《尚书·泰誓》说到民玩其上而威刑不立。在这样的形势下,以道德才能中等的君主守国,也不能保,更何况纣这样"狂酗昏虐"的帝王呢?而高洋的恶劣未必减于纣,北齐当时却能够强盛,这是因为其时"主昏于上而政清于下也"。到北齐后主高纬当政时,"国法荡然",于是被北周执政者宇文氏取而代之。顾炎武说,总结殷纣之"亡"和周武王之"兴"的历史因素,通常都用"仁"至于极致的周武王攻伐"不仁"至于极致的殷纣作解释,这实际上是不公正不准确的说法,并没有揭示历史的真正缘由。顾炎武关于殷亡的原因的分析，一反通常将责任归于殷纣一人的传统认识，指出"主昏于上"未必导致亡国。他所提出的国家衰亡的主要原因是"法制废弛"的见解，是值得我们重视的。

中国古代政论家分析旧政权因政治危机而覆灭的情形，指出有"土崩"和"瓦解"两种形式。"瓦解"原义指分裂，"土崩"则指政治体制和社会结构无可挽救的粉碎性的破坏。"天下之患在于土崩，不在于瓦解，古今一也。何谓'土崩'？秦之末世是也。"（《史记》卷一一二《平津侯主父列传》）所谓"土崩瓦解"，则经常用来形容王朝的衰灭。班固在《秦纪论》中就说道："秦之积弱，天下土崩瓦解。"在"'下层不愿'照旧生活下去"，"'上层不能'照旧生活下去"的"危机形势"下，即形成了"革命到来"的历史条件。于是新的政权移天易日，旧的政权"土崩瓦解"。

元代文学家张养浩有一组以"怀古"为主题的散曲《山坡羊》。作者在河渭地区长安、洛阳等地踏察历史遗迹，发抒思古悠情，其中有精彩的史识发表。特别是每一首的最后一句，往往发抒基于深沉的历史思考的感叹，如"赢，都变做了土；输，都变做了土！"（《骊山怀古》）"便是君，也唤不应；便是臣，也唤不应！"（《北邙山怀古》）"君也，谁做主；民也，谁做主？"（《渑池怀古》）"功，也不久长；名，也不久长！"（《洛阳怀古》）"疾，也是天地差；迟，也是天地差！"（《咸阳怀古》）其中最为著名的是《山坡羊·潼关怀古》：

> 峰峦如聚，波涛如怒，山河表里潼关路。望西都，意踌躇，伤心秦汉经行处，宫阙万间都作了土。兴，百姓苦；亡，百姓苦！

作者经行两京之间,感慨秦汉王朝兴亡的历史,最末一句,则有特殊的意味。回顾王朝兴亡的历史,站在民众的立场上,确实是"兴,百姓苦;亡,百姓苦"。专制王朝的盛衰和兴亡,政治史舞台上的开场与落幕,常常只能看到帝王将相们的表演,似乎与一般下层民众没有什么直接的关系,在普通人的意识中,对此似乎也并不会有特殊的关心。但是王朝兴替期间所引发的严重动乱,却往往导致百姓丧亡,经济凋敝,文化沦弃,社会倒退,形成全面的灾难性的后果。

从总结社会文明史的角度看,王朝兴亡之间的社会大动乱,往往导致文化成就的毁灭和历史进程的倒退。

王霸之道

对于"周期率"的认识

传统政治史论者误以为"天数"所定的古代王朝大略经过一个历史时期就实现更替的现象,很早就已经有人注意到,并且试图发现其中的规律。

战国时期得以流行的阴阳五行思想,以讲阴阳的《周易》和讲五行的《洪范》作为最集中的理论成就。多种方术之学都以阴阳五行为原则而推演。齐人邹衍把五行学说附会于社会历史的变易,提出了"五德终始"说。这种理论用水、火、木、金、土的相生相克和终而复始的循环变化来说明政权的兴替。

董仲舒在《春秋繁露·三代改制质文》中,又将"五德终始"说复杂化,创"三统"说。顾颉刚《五德终始说下的政治和历史》一文指出,所谓"三统"说,"把朝代的递嬗归之于三个统的循环。这三个统的名字是黑统,白统,赤统。得到哪一个统而为天子的,那时的礼乐制度就照着哪一个统的定制去办理"。"三统"说与"五德终始"说的区别在于,"五德终始"说以五数循环,而"三统"说则以三与四为小循环,十二为大循环。因而"五德终始"相对简单一些,而"三统"说则相对复杂一些。①

"五德终始"说或者"三统"说,都是以循环为规律,都是非科学的历史总结,严格说来,也是一种政治迷信。事实上,历史上确实多有政治野心家利用这一学说作为争夺政治权

---

① 《古史辨》,上海古籍出版社,1982年,第五册下编第 441—443 页。

力的理论根据。

尽管循环学说并不符合历史真实,然而中国古代王朝更替的情形确实表面看来有类似循环的迹象。有人在总结这一历史现象时,使用了"周期率"这一说法。

对于中国政治史上王朝兴亡的"周期率"的认识,历来议论很多。

在关于所谓"中国封建社会长期延续的原因"的讨论中,实际上许多意见也涉及王朝兴亡的"周期率"这一问题。

有的学者提出的"中国封建社会的超稳定结构"的理论,引起了学界的重视。这一理论对于中国社会史、中国政治史的说明,自成其体系。其中对于我们讨论的历史现象,称之为"周期性振荡"。

论者指出:"中国封建社会的长期停滞和周期性改朝换代,这两个重大历史现象有着深刻的内在联系。中国封建社会结构内部具有特殊的调节机制,使它每隔二三百年就发生一次周期性的崩溃(即振荡),消灭或压抑不稳定因素并恢复旧结构。正是这种特殊的调节机制,保持了中国封建社会两千余年的延续状态,使之呈现出社会结构的巨大稳定性。换句话说,中国封建制度是不能仅仅靠每个封建王朝长期延续而静态地继承下来,而是必须通过周期性的动乱和复苏一代一代地保存下来的。"[①]对于其中所谓"周期性振荡"以及"中国封建王朝的修复机制"等观点,有必要进行历史学的认真分析。

---

① 金观涛、刘青峰:《兴盛与危机——论中国封建社会的超稳定结构》,湖南人民出版社,1984年,第14页。

"打破这周期率"：毛泽东与黄炎培的长谈

1945年7月间，在延安的窑洞中，毛泽东和以参政员身份来访延安的黄炎培曾经有一次长谈。

毛泽东问黄炎培来延安考察有什么感想，黄炎培说："我生六十多年，耳闻的不说，所亲眼看到的，真所谓'其兴也浡焉'，'其亡也忽焉'，一人，一家，一团体，一地方，乃至一国，不少不少单位都没有能跳出这周期率的支配力。大凡初时聚精会神，没有一事不用心，没有一人不卖力，也许那时艰难困苦，只有从万死中觅取一生。继而环境渐渐好转了，精神也就渐渐放下了。有的因为历时长久，自然地惰性发作，由少数演为多数，到风气养成，虽有大力，无法扭转，并且无法补救。也有为了区域一步步扩大了，它的扩大，有的出于自然发展，有的为功业欲所驱使，强求发展，到干部人才渐见竭蹶、艰于应付的时候，环境倒越加复杂起来了，控制力不免趋于薄弱了。一部历史，'政怠宦成'的也有，'人亡政息'的也有，'求荣取辱'的也有。总之没有能跳出这周期率。中共诸君从过去到现在，我略略了解的了。就是希望找出一条新路，来跳出这周期率的支配。"

毛泽东对于能否跳出这个周期率的问题，回答道：

> 我们已经找到新路，我们能跳出这周期率。这条新路，就是民主。只有让人民来监督政府，政府才不敢松懈。只有人人起来负责，才不会人亡政息。

黄炎培说:"这话是对的。只有大政方针决之于公众,个人功业欲才不会发生。只有把每一地方的事,公之于每一地方的人,才能使地地得人,人人得事。把民主来打破这周期率,怕是有效的。"①

黄炎培所谓"'其兴也浡焉','其亡也忽焉',一人,一家,一团体,一地方,乃至一国,不少不少单位都没有能跳出这周期率的支配力",起先看来似乎是说他所亲身经历中国近代政治史的见闻。然而,他又说,"一部历史,'政怠宦成'的也有,'人亡政息'的也有,'求荣取辱'的也有。总之没有能跳出这周期率"。则显然所说的"周期率",又是对数千年来政治史的概括。所谓"政怠宦成",应出自《说苑·敬慎》引曾子曰:"官怠于宦成,病加于少愈,祸生于懈惰,孝衰于妻子;察此四者,慎终如始。《诗》曰:'靡不有初,鲜克有终。'"所谓"人亡政息",应出自《礼记·中庸》:"哀公问政。子曰:'文武之政,布在方策。其人存,则其政举;其人亡,则其政息。'"孔颖达疏:"若得其人,道德存在,则能兴行政教。""若位无贤臣,政所以灭绝也。"所谓"求荣取辱",应出自《荀子·荣辱》:"将以为荣邪,则辱莫大焉。"《吕氏春秋·务本》又有"欲荣而愈辱"的说法。唐人子兰《诫贪》诗也写道:"多求待心足,未足旋倾覆。明知贪者心,求荣不求辱。"(《全唐诗》卷八二四)"政怠宦成",是说地位显贵之后,则政事怠懈。"人亡政息",是说为政在乎得人,得其人则能推行善政,反之则理想的政治设计终将破灭。"求荣取辱",是说欲求其荣,反得其辱。看来,尽管黄炎培起初有"我生六十多年,耳闻的不说,所亲眼看到的,真所谓'其兴也浡焉','其亡也忽焉'"的话,我们

---

① 黄炎培:《延安归来》,《八十年来》,文史资料出版社,1982年,第148—149页。

把他提出的问题和毛泽东的回答,看作对整个中国政治史的总结,看作对"跳出这周期率"的方法的讨论,可能是正确的。

毛泽东当年关于通过民主来"跳出这周期率"的话,体现了中国共产党人谋求实现中国政治形式的现代化的决心和信心。然而现在看来,要切实地真正实践这一意志,显然还需要艰苦的努力。

古代王朝的建国模式

改朝换代,是中国古代政治史进程中可以屡屡看到的现象。一代王朝灭亡了,一代王朝兴起了。经过一个时期,兴起的王朝又归于覆亡,被另一个新兴王朝替代。诗人们于是歌咏:"兴废由人事,山川空地形"([唐]刘禹锡:《金陵怀古》,《刘宾客文集》卷二二),"兴废由所感,湮沦斯可哀"([唐]李德裕:《清泠池怀古》,《会昌一品集》别集卷三),"兴亡两梦幻,今古一朝昏"([宋]张耒:《次韵题李援舫子》,《柯山集》卷八),"今古兴亡事,循环宇宙中"([宋]赵公豫:《迷楼》,《燕堂诗稿》)。

对于古代政权这种"兴"的过程,在传统政治意识中,通常以为是"天数"所定,也就是说"天命"实际上已经事先规范了一个王朝开国的方向和路径,前朝在历史时段上的限数以及新政权成功的机会。以"天数"为"天"所规定的历史走向的说法,较早见于汉末。历代服务于帝王将相的文士中,有专门以占星、相人、卜事、望气等技术期望探求窥知这种"天数"的。当然,开明之士也有"数虽天定,业乃人为"①的比较清醒而积极的认识,着重强调"人为"因素对于历史方向和历史进程的意义,然而持这种见解的人,其实质上依然没有能够否定"天数"的作用。而更普及的历史观,则以为"人力"是无法影响"天数"的。如宋代诗人张孝祥《六州歌头》写道:"长淮望断,关塞莽然平。征尘暗,霜风劲,悄边声,黯销凝。追想当年事,殆天数,非人力。洙泗上,弦歌地,亦膻腥。隔水毡乡,落日牛羊下,区脱纵横。看名王宵猎,骑火一川明,笳鼓悲鸣,遣人惊。念腰间箭,匣中剑,空埃蠹,竟何成!时易失,心徒壮,岁将零,渺神京。干羽方怀远,静烽燧,且休兵。冠盖使,纷驰骛,若为情?闻道中原遗老,常南望,翠葆霓旌。使行人到此,忠愤气填膺,有泪如倾。"(《词综》卷一三)其中所谓"追想当年事,殆天数,非人力",是体现了传统的历史观的。

总结这些王朝"兴亡""兴衰""兴坏""兴毁""兴废""兴替"过程中"兴"的形式,也就是它们的建国史和开国史,可以增进我们对历史的认识。应当说,有多少代王朝,就有多少部开国史。我们认为,中国古代王朝的开国历程,就对于原有政权而言,大略有三种模式:(1)造反;(2)篡夺;(3)侵灭。

---

① [明]李东阳:《对鸥阁赋》,《文前稿》卷一,《李东阳集》,岳麓书社,1985年,第2卷第10页。

造反

"造反"这种模式,是开国史中常见的一种情形:开国皇帝原本没有政治基底,从破坏旧有政治秩序起家,经历艰苦奋争,使得政治实力从无到有,从小到大,终于独力或者与其他政治集团合力推翻原有政权,建立新的王朝,重新实现安定,确定了新的社会秩序。

"造反"这一词语的最早出现,可以追溯到汉代。大致在明代,"造反"一语已经在社会上下流行,文人笔下多有痕迹。因"造反"成就为帝王的政治人物,往往是通过起义、暴动或者叛乱积聚最初的武装力量的。

实践这样的开国道路的皇帝,有

"汉并天下"瓦当

西汉王朝的创立者汉高祖刘邦,东汉王朝的创立者汉光武帝刘秀,明王朝的创立者明太祖朱元璋等。不过,因为在正统政治意识占主导地位的情况下"造反"长期显露出贬义,成功的帝王不愿意在史书等意识形态遗存中称自己的行为是"造反",多自称"举义""革命"。

在以往的历史教科书中,对于农民起义、农民反抗和农民战争的肯定,曾经成为重要的原则。人们普遍赞同这样的论点:"地主阶级对于农民的残酷的经济剥削和政治压迫,迫使农民多次地举行起义,以反抗地主阶级的统治。从秦朝的陈胜、吴广、项羽、刘邦起,中经汉朝的新市、平林、赤眉、铜马和黄巾。隋朝的李密、窦建德,唐朝的王仙芝、黄巢,宋朝的宋江、方腊,元朝的朱元璋,明朝的李自成,直至清朝的太平天国,总计大小数百次的起义,都是农民的反抗运动,都是农民的革命战争。""中国历史上的农民起义和农民战争的规模之大,是世界历史上所仅见的。在中国封建社会里,只有这种农民的阶级斗争、农民的起义和农民的战争,才是历史发展的真正动力。因为每一次较大的农民起义和农民战争的结果,都打击了当时的封建统治,因而也就多少推动了社会生产力的发展。""在汉族的数千年的历史上,有过大小几百次的农民起义,反抗地主和贵族的黑暗统治。而多数朝代的更换,都是由于农民起义的力量才能得到成功的。"①对于"多数朝代的更换,都是由于农民起义的力量才能得到成功的"这样的论点,其实有必要进行具体的分析,至少直接因"造反"实现"开国"的王朝,数量是有限的。

通过"造反"得天下的开国君主,是成功的平民英雄。

---

① 毛泽东:《中国革命和中国共产党》,《毛泽东选集》,人民出版社,1967年,第588、586页。

篡夺

中国古时的改朝换代，大多经历铁血历程。但是也并非每一次都是千百万人头落地。也有通过和平方式完成执政权力转换的情形。这种方式，当事的新王朝的开国者往往取用远古圣王传说中的"禅让"来予以美化。有的历史学者在讨论古代"改朝换代"的历史过程时，以"和平演变"比况古时的"禅让"，如刘后滨等人所著的《大唐开国》写道："我们以往说起改朝换代，一般的概念，就是生灵涂炭、血流成河。这个一般的概念基本上没错，但是除此之外，还有一个变数，这个变数是什么呢？那就是'和平演变'，用一个中国传统的词来讲，就是'禅让'。""可以肯定，自从秦始皇统一天下，进入帝国时期以后，所谓的'禅让'无一不是权臣霸主篡夺江山的工具，它的惟一好处，就是比兵戎相见少了一些牺牲者。"[①]其实以"和平演变"言"禅让"，并不是十分妥当的。当事者自谓"禅让"，后世政论家的批评，则往往指斥为"篡夺"。如《前汉纪》卷三〇《孝平皇帝纪》引录《本传》言王莽取得最高权力，称"篡夺""窃位"。"篡夺"，今本《汉书》卷九九下《王莽传下》作"篡盗"。对国家最高权力的"篡夺"，也被称为"窃国"。

以篡夺方式开国的典型，有王莽、曹魏集团和司马氏集团等成功建立新王朝的情形。所谓"自汉以来窃国之盗，无若王莽、曹操、司马懿、杨坚、朱温"（[明]王鏊：《相论》，《震泽集》卷三三《杂著》），反映政治史总结者对这种现象的关注。

---

① 刘后滨等：《大唐开国》，中华书局，2007年，第3页。

有的政治史评论家分析说,从曹操"篡汉",到司马氏"篡魏",有一脉相承的关系。此后,这种夺取政权的方式依然有不同的翻版:"自操、丕篡汉,司马懿踵而行之。至刘裕又益甚焉。"([元]胡一桂:《史纂通要》卷一二引尹氏曰)南朝刘宋王朝的开创者刘裕,也是以军政重臣的身份排斥前朝皇帝,取得了最高执政权力的。这种现象的出现,在南北朝时代颇为频繁。后来有学者感叹说:"自晋承曹魏之后,迤逦相承,皆曹氏之禅代也。于是二三百年无公论。二三百年无公论,则公论已矣。"([宋]车若水:《脚气集》)也有这样的说法:"晋、宋及齐,并以篡夺,相寻如出一辙,所谓天道好还也。"(《评鉴阐要》卷四)以为"篡夺"者而随即又被"篡夺",似乎体现出一种历史的报应。

古代王朝的建国模式

侵灭

人们在评述春秋战国时期的军事外交形势时,已经使用"侵灭"的说法。如《春秋公羊传·僖公四年》:"楚有王者则后服,无王者则先叛。夷狄也,而亟病中国。"何休解释说:"数侵灭中国。"其实,秦兼并六国,实现统一,在某种意义上似乎也带有一定的"侵灭"的性质。李约瑟曾经就"秦朝""做得过头"进行政治文化分析时指出,"(法家)以编订'法律'为务,并认为自己主要的责任是以封建官僚国家来代替封建体制。他们倡导的极权主义颇近于法西斯……"①这种对于秦建国基本方针的判断,也是值得我们重视的。

我们讨论古代王朝以"侵灭"形式开国的情形,对"侵灭"语义,也大体取侧重于"灭"的理解。所谓"侵灭",主要是指处于少数民族即被中原正统史家称作"夷狄"的势力以入侵征服的手段取代"中国"原有政权,建立新的王朝的政治史过程。

马端临《文献通考》写道:"契丹自安巴坚时,侵灭诸国,称雄北方。"(《文献通考》卷三四五《四裔考·契丹上》)女真人对北宋和南宋的"侵灭",蒙古人对西夏、金和南宋的"侵灭",满人对明的"侵灭",又一次再一次地复演着同样的历史。

由"侵灭"前朝终于控制中原行政大权的少数民族领袖,

---

① [英]李约瑟:《中国科学技术史》第 2 卷《科学思想史》,王铃协助,科学出版社、上海古籍出版社,1990 年,第 1 页。

走的是与金灭辽有所不同的另一种建国史的路径。他们往往不得不学习和继承中原文化传统,以促成民众的理解,取得管理天下的合法地位和必要经验。这种学习和继承的程式,马克思曾经予以总结,称之为:"野蛮的征服者总是被那些他们所征服的民族的较高文明所征服,这是一条永恒的历史规律。"[①]

---

① 马克思:《不列颠在印度统治的未来结果》,《马克思恩格斯全集》第9卷,人民出版社,2006年,第247页。

开国皇帝的文化资质

以平民英雄身份夺得天下,建立了新王朝的创业者,由于比较熟悉社会真实情状,比较亲近社会下层人群,有比较好的基本立场和世事判断方面的优势。刘邦和朱元璋这样的政治人物,之所以有强有力的执政能力,与他们的草根出身和底层阅历有一定关系。

河南永城刘邦斩蛇雕塑

因"造反"登基的帝王,从底层社会带来的政治感觉并不能世袭。有的学者说:"由民间出身的人物,猜测人民的需要较为准确,但是到了第二代以后,子孙们'生于深宫之中,长于妇人之手',故而我们常常看到民间出身皇帝若干措施受到赞美,而末期皇帝不是暴君便是昏君,尽是做些害民之事,……"①

关于开国皇帝的文化资质,我们可以汉代为例。

刘邦本人出身平民,他的功臣集团大多出身低微,除了张良家世高贵,其余多为"亡命无赖之徒,立功以取将相"者,萧何、曹参、任敖、周苛都是小吏,"陈平、王陵、陆贾、郦商、郦食其、夏侯婴等皆白徒",而樊哙是屠狗者,周勃是织席、吹箫服务于丧事者,灌婴是贩缯者,娄敬是挽车者。清代历史学者赵翼于是称此为"汉初布衣将相之局"。赵翼认为,"自古皆封建诸侯,各君其国,卿大夫亦世其官,成例相沿,视为固然"。战国晚期这种贵族政治体系已经动摇,不过,秦始皇时代,"虽无世禄之臣,而上犹是继体之主也"。直到汉初,"天意已另换新局","于是汉祖以匹夫起事,角群雄而定一尊。其君既起自布衣,其臣亦多亡命无赖之徒,立功以取将相,此气运为之也"。([清]赵翼:《廿二史札记》卷二《汉初布衣将相之局》)。柏杨曾经这样评价刘邦的文化资质:"刘邦先生是中国最伟大、最传奇的君王之一,他出身于地痞流氓阶层,可能并不识字(即令识字,教育程度也不会高)。柏杨先生素来反对'天纵英明'——因有些头目,其蠢如猪,却自捧为或被捧为天纵英明,实在令人皮背发紧,但刘邦先生确实先天上有超越普通人之处。所有他的重要决策,几乎全来自部属们的建议,他也几乎是一个没有意见的人。但他大多数时

---

① 毛汉光:《中国中古社会史论》,上海书店出版社,2002年,第4页。

候,对部属的建议,都有正确判断,而在发现判断错误时,决不'死不认错',反而马上改正。在刘邦先生身上,找不到予智予雄的镜头,找不到'指示机宜'的镜头。这要归功于他恢宏的胸襟和对新事物吸收消化的强大功能。""无疑的,刘邦先生是一位政治天才。"①这样一位"政治天才"用传统眼光来看,是没有文化的,"出身于地痞流氓阶层,可能并不识字(既令识字,教育程度也不会高)",但是在政治决策方面,却有胸襟,有眼光。这种特殊的政治文化资质,决定了他能够"以匹夫起事,角群雄而定一尊"。

王莽起初是以儒者的身份参与行政,设计革新的。王莽的文化资质来自儒学的深厚根基。人们似乎已经形成某种共识,研究王莽的学者们都注意到,"王莽的思想来源是经过董仲舒改造过的儒家思想"②,"为王莽真正赢来声誉的",正是"他的儒生形象"③。我们在讨论开国帝王的文化资质及其政治作用时,不能忽略这一事实。

东汉王朝虽然也是以暴力形式,通过战争和军事手段开国的,然而开国帝王刘秀,却原本是一位有较高文化素养的读书人。宋代学者王十朋《光武》诗这样写道:"大命由来自有真,子舆徒号魏家亲。须知炎祚中兴主,元是南阳谨厚人。"([宋]王十朋:《梅溪前集》卷一〇《咏史诗》)

---

① 柏杨:《现代语文版资治通鉴》第3册《楚汉之争》,中国友谊出版公司,1985年,第107—108页。
② 孟祥才:《王莽传》,天津人民出版社,1982年,第179页。
③ 葛承雍:《王莽新传》,西北大学出版社,1997年,第15页。

"取与守不同术"

夺取天下,建立一个新的王朝,即所谓"开国"。开国之后的天下治理,则形成更严峻的政治考验。

成功的政治家有合理的治国方略。清醒的政论家也往往能够进行历史总结,提出政治管理的建议。

"取与守不同术"

贾谊的治国道路探索

贾谊是西汉文帝时的政论家、思想家。他的政治思想在当时和后世都有重要的影响,因而学界又有"政治家"的称誉。有人称之为"天才政治家"[1],有人称之为"杰出的政治家"[2]。

公元前201年,贾谊生于洛阳。18岁时,就以熟读诗书,善属文章闻名。后来被河南守吴公招致门下。汉文帝即位后,听说吴公曾师事秦时名相李斯,又号称治政为天下第一,于是征以为廷尉,主持天下司法。因吴公的推荐,贾谊得任为博士。吴公以"治政"闻名,贾谊因吴公举荐,可知贾谊得

---

[1] 叶盛玉:《天才政治家——贾谊》,《新国风》3卷4期,1947年2月。
[2] 高凯军:《西汉杰出的政治家——贾谊》,《大庆师专学报》1983年2期。

以入朝,大约主要不是因其文采,而是因其政识。贾谊当时不过20余岁,是朝中最年轻的博士。"每诏令议下,诸老先生不能言,贾生尽为之对,人人各如其意所欲出。诸生于是乃以为能,不及也。"(《史记》卷八四《屈原贾生列传》)于是被破格提拔为太中大夫。汉文帝十分赏识贾谊的识见,曾经准备任贾谊为公卿,但是

贾谊《新书》书影

因为周勃、灌婴等老臣的反对,未能实现。后来任贾谊为长沙王太傅。贾谊在长沙著《鵩鸟赋》,发抒内心的怨郁哀伤。后来汉文帝思念贾谊,又曾特地召见,问鬼神之事于宣室殿,君臣畅谈至夜半。后人因此有"不问苍生问鬼神"([唐]李商隐:《贾生》,《李义山诗集》卷中)的诗句,感叹其政略思想受到漠视。贾谊又被任命为梁怀王太傅。汉文帝十一年(前169),梁怀王坠马而死,贾谊自伤失职,不久也悲郁去世,年仅33岁。

贾谊的著作,据《汉书》卷三〇《艺文志》著录,有《贾谊》58篇,赋7篇。今本《新书》是后人纂辑的贾谊著作汇编。贾谊影响长久的文化贡献,在于他的政论。贾谊政治思想的特点之一,是眼界的阔大,如后人评论所谓"宏识巨议"([明]李梦阳:《〈贾子〉序》,《空同集》卷五〇)。刘向赞扬说:"其论甚美,通达国体,虽古之伊、管,未能远过也。"(《汉书》卷四八《贾谊传》)所谓"通达国体",肯定了贾谊对治国思想的探索。有学者曾经指出,"西汉承暴秦之余习,公卿

多刀笔吏,皆以簿书钱谷为事,而不知大体"。这里所说的"不知大体",也有缺乏战略意识的涵义。而贾谊则被看作"上足以匡君,下足以救世"的"一代之大儒"。([清]刘毓崧:《西汉两大儒董子贾子经术孰优论》,《通义堂文集》)所谓"超然而有远举之志"([宋]苏轼:《贾谊论》,《经进东坡文集事略》卷七),"为天下筹长治久安之策"([清]方宗诚:《贾生论》,《柏堂集》前编),都指出贾谊思想有探索政治史规律的贡献。

《过秦论》的发现:"攻守之势异"

秦灭六国,建成大一统的专制主义王朝,据说一时"普天之下,抟心揖志","民莫不虚心而仰上"。但是仅仅过了 12 年,公元前 209 年七月,陈胜倡义,"斩木为兵,揭竿为旗,天下云合响应",公元前 207 年八月,赵高杀秦二世,以为子婴"以空名为帝,不可,宜为王如故",取消帝号,秦政权的统治被迫恢复到战国时代的状况。数十天之后,刘邦军入咸阳,秦亡。秦王朝作为建立了第一个统一的中央集权的帝国,在政治和经济制度等方面对中国历史造成深刻影响的朝代,为什么如此短暂?秦短祚的原因,自汉代以来一直成为史家重要论题之一,经两千余年仍纷争不绝。

贾谊的《过秦论》,是最早的以战略眼光较系统地总结秦王朝兴亡的历史,较全面地分析秦政之功过得失的著名政论。司马迁在《史记》卷六《秦始皇本纪》中,已经大段引录了贾谊《过秦论》的内容,并且真诚地感叹道:"善哉乎贾生推言之也!"

《过秦论》说秦以弱胜强,终于实现统一,"鞭笞天下,威振四海",然而迅速败亡,是有历史原因的。"秦以区区之地,致万乘之权,招八州而朝同列,百有余年矣。然后以六合为家,崤函为宫,一夫作难而七庙隳,身死人手,为天下笑者,何也?仁义不施,而攻守之势异也。"

这里所说的"仁义不施",是指责秦王朝的统治者以暴虐之心与暴虐之术治国,终于导致了不可挽救的政治危局。贾谊还批评说:"秦王怀贪鄙之心,行自奋之智,不信功臣,不亲士民,废王道而立私爱,焚文书而酷刑法,先诈力而后仁义,以暴虐为天下始。"而秦二世又"重以无道",更变本加厉地推行暴政,"坏宗庙与民,更始作阿房之宫,繁刑严诛,吏治刻深,赏罚不当,赋敛无度"。以致"天下多事,吏不能纪;百姓困苦,而主不收恤"。最终"奸伪并起","天下苦之","自群卿以下至于众庶,人怀自危之心,亲处穷苦之实,咸不安其位,故易动也"。从高官贵族到平民百姓,人人自危,因此形成了一旦发生变乱,就迅速土崩瓦解的政治局面。

贾谊的这种从政治战略角度发表的批评,与"诏令议下"时为之对答,"人人各如其意所欲出"同样,也得到许多人的赞同。《史记》卷一一八《淮南衡山列传》引伍被语所谓"绝圣人之道,杀术士,燔《诗》《书》,弃礼义,尚诈力,任刑罚",《汉书》卷六四上《吾丘寿王传》引吾丘寿王语所谓"废王道,立私议,灭《诗》《书》而首法令,去仁恩而任刑戮",《盐铁论·褒贤》所谓"弃仁义而尚刑罚,以为今时不师于文而决于武",《汉书》卷二三《刑法志》所谓"毁先王之法,灭礼谊之官,专任刑罚"等。实际上都可以看作贾谊上述政治见解的复述。

秦政之失,在于"吏治刻深"与"赋敛无度",是人们大都注意到的。贾谊特别指出秦始皇"行自奋之智,不信功臣,不亲士民,废王道而立私爱"的事实,实际上涉及秦王朝专制政治在体制方面的根本弊病。

贾谊说:"秦王足己而不问,遂过而不变。二世受之,因而不改,暴虐以重祸。"这样的政权,"亡不亦宜乎?"以为极端专制的秦王朝迅速灭亡,是历史的必然。贾谊还具体描述了秦政的这一特色:"秦俗多忌讳之禁也,忠言未卒于口,而身糜没矣。故使天下之士倾耳而听,重足而立,阖口而不言。"言论的严格禁锢,是专制制度的突出特征。不过,这种禁锢并不能平息民众的怨愤,反而会激起更强烈的反抗。

正如《过秦论》所指出的:"秦之盛也,繁法严刑而天下震;及其衰也,百姓怨而海内叛矣。"

贾谊《过秦论》总结秦亡的原因时,指出:"仁义不施,而攻守之势异也。"所谓"攻守之势"有"异",即建立政权和巩固政权的政策方针应当有所不同的观点,体现出贾谊清醒的政治识见和高远的战略思想。

"术""道""政"的必要调整

贾谊指出:"夫并兼者高诈力,安危者贵顺权,推此言之,取与守不同术也。秦离战国而王天下,其道不易,其政不改,是其所以取之守之者无异也。"也就是说,"攻"与"守","并兼"与"安定","取"天下与"守"天下,夺取政权与巩固政权,战争时期谋求并兼与和平时期谋求安定,政治方针、政治策略、政治风格,也就是贾谊所谓"术""道""政"等,应当是有所不同的。

然而秦实现统一之后,却仍然未能改变战时的政治形式,所以"取之"的政策与所以"守之"的政策竟然没有区别。秦王朝最高统治者不仅仍然以取天下之道规划守天下之政,又"斩华为城,因河为津","缮津关,据险塞,修甲兵而守之","自以为关中之固,金城千里,子孙帝王万世之业也",仍然保持战国以来以关中为根据地而与关东相对抗的战略态势。关于秦始皇陵兵马俑坑的主题尚有争论,但秦始皇时代所经营的这一规模宏大的军阵模型是以东方武装集团作为假设敌的事实是毋庸置疑的。这也说明秦始皇的统治思想尚未摆脱战争时代的历史惯性,以这种思想为基础制订的关东政策自然表现为恐怖的虐杀和苛重的赋役。

结果正如贾谊《过秦论》所说,陈胜振臂一呼,"天下云合响应,赢粮而景从,山东豪俊并起而亡秦族矣"。

贾谊所谓"攻守之势异也",所谓"取与守不同术也",从政治史分析的眼光提出了治国思想的一个重要原理。贾谊的这一认识,是《过秦论》的思想精髓。我们回顾政治思想史时可以看到,贾谊这一思想的提出,是前无古人的。

在贾谊所处的时代,执政集团确实比较注意总结和吸取秦王朝政治失败的教训,为调整当时的政策服务。以贾谊为代表的一代善于历史思考的政治评论家和政治活动家以其思想和实践,使西汉王朝政治战略的方向得到比较合理的调整。

"取之守之者无异":秦关东政策的失败

秦短祚的原因,自汉代以来一直成为史家重要论题之一,经两千余年始终纷争不绝。以历史唯物主义为指导的马克思主义史学家们依据对阶级关系变化和社会经济状况的分析对秦亡的历史做出了总结。范文澜曾经指出:"秦始皇过度使用民力,虽然很多措施有利于统一,但人民也确实疲惫不堪了。秦二世昏暴无比,征发到闾左,农民被迫大起义,迅速地推倒了秦朝的统治。"[①]林剑鸣也认为:"统一后的秦王朝,之所以在很短的时间内就灭亡,最根本的原因就在于地主阶级的压榨使社会经济濒于崩溃,生产力遭到严重破坏。"[②]这些结论,应当说都是正确的。然而,我们如果对秦代社会状况作进一步具体的分析,又不难发现,秦王朝对关中秦国本土和关东六国故地实行着不同的政策,秦王朝关东地区统治政策的失败,是秦短促而亡的重要原因之一。

人们一般总是强调秦王朝曾经成就了许多有利于统一的伟大事业,如定疆域、书同文、车同轨、行同伦等,而往往忽视事情的另一方面,即秦王朝的行政制度总的来说是以秦人对关东地区的征服、压迫和奴役为前提的。可以说在新帝国最初的基土中,就已经生发出不利于统一的裂痕。

秦实现统一后,采取一系列措施以防范关东地区的反抗力量。隳毁城郭,拆除堡垒,"收天下兵,聚之咸阳",加以销

---

① 范文澜:《中国通史》第2册,人民出版社,1978年,第35页。
② 林剑鸣:《秦史稿》,上海人民出版社,1981年,第444页。

毁。秦始皇四次出巡山东,封禅泰山,求鼎泗水,刻石纪功,宣扬皇帝的权威。其出巡目的,如秦二世所谓"巡行郡县,以示强,威服海内","臣畜天下"。途中使刑徒三千人"皆伐湘山树,赭其山",又入海射大鲛鱼,特意在六国中较强的楚、齐故地显示武力。因出行事,动辄令天下"大索",使恐怖统治进一步升级。

秦始皇"徙天下豪富于咸阳十二万户",以削弱关东地区的经济力量,又"徙黔首三万户琅邪台下",经营"新秦中","徙谪实之",还曾"徙三万家丽邑,五万家云阳","徙北河榆中三万家"。(《史记》卷六《秦始皇本纪》)史载"迁不轨之民于南阳"(《史记》卷一二八《货殖列传》),"徙天下不轨之徒于南阳",据《汉书》卷二八下《地理志下》,徙处南阳的移民,不得不改事"商贾渔猎",可见这种大规模的强制性的移民必然使关东地区原有的农业、手工业经济遭受破坏。迁徙者往往只能得到"复不事",即免除一定时间劳役的有限代价,经过对土地和其他不动产掠夺式的再分配过程,关东豪富的经济实力大受削弱。他们经济上受到政府的盘剥和控制,政治上的反秦立场自然日益坚定。

冯去疾、李斯、冯劫曾经进谏秦二世说:"盗多,皆以戍漕转作事苦,赋税大也。"他们已经认识到引起人民起义的直接原因是滥发徭役、横征赋税。秦始皇穿凿骊山,经数十年,造阿房宫,又北筑长城,南戍五岭,秦二世"复作阿房宫","用法益深刻"(《史记》卷六《秦始皇本纪》)。当时"丁男被甲,丁女转输"(《史记》卷一一二《平津侯主父列传》),"戍者死于边,输者偾于道"(《汉书》卷四九《晁错传》)。徭役征发过度,从事正常生产的丁壮已极其有限。《汉书》卷二四上《食货志上》说,秦时"力役三十倍于古"。徭役无疑成为当时人民感受到的最沉重的压迫。从承担为服役人运输粮饷地区的分布来看,当时承受繁重徭役负担的主要是关东人。

秦王朝在思想文化方面实行专制统治,对关东地区文化实行更强硬的政策。所谓焚书坑儒,"史官非秦记皆烧之,非博士官所职,天下敢有藏《诗》、《书》、百家语者,悉诣守、尉杂烧之",禁私学而"以吏为师"(《史记》卷六《秦始皇本纪》),企图从根本上摈斥东方文化,以秦文化为主体实行强制性的文化统一,甚至以肉体消灭方式打击关东知识分子。

一方面,从历史文献的记载看,秦始皇时代秦帝国的反抗力量主要活动于关东地区。秦末大起义中十数家反秦武装力量也均崛起于关东地区,如贾谊《过秦论》所说,陈胜振臂一呼,"天下云合响应,赢粮而景从,山东豪俊并起而亡秦族矣"。从另一方面看,自陈胜起事到子婴"系颈以组,白马素车,奉天子玺符,降轵道旁",反秦起义军始终被称为"关东盗"(《史记》卷六《秦始皇本纪》),关中地区未曾燃起一星反抗的火花。

我们注意到秦王朝关东地区统治政策的特点,就不难通过这些现象得出结论:所谓"天下苦秦久矣"这一反秦战争中最富于号召力量的口号中,所谓"天下"的意义是有地域性局限的,它集中表抒出关东地区社会各阶层对秦王朝统治的共同怨愤。秦王朝关东政策的失败确实是秦覆亡的主要原因之一。这一政治史的教训,正是秦王朝执政集团"取之守之者无异"的失误,即实现统一之后依然以取天下之道规划守天下之政,以敌对情绪面对关东地区,正如严安所批评的,秦"循其故俗"(《史记》卷一一二《平津侯主父列传》),没有适时进行必要的政策调整。

《荀子·议兵》指出:"兼并易能也,唯坚凝之难焉。"是说以军事力量占领新的领土容易,而维持巩固的统治,长期实现安定则难。正确的政策应当是"凝士以礼,凝民以政",这样,"礼修而士服,政平而民安;士服民安,夫是之谓大凝。以守则固,以征则强,令行禁止,王者之事毕矣。"战国时代的政治家为统一前景所提出的实现"大凝"的主张,堪称远见卓识。贾谊继承了荀子的执政理念,并以秦史为标本进行了分析和总结,提出了明确的治国思想的原则,"取与守不同术"。

王朝史扫描

历代王朝都有各自的文化风格和政治个性,但是也有若干带有某种规律性的共同点。进行王朝行政史的历史扫描,可以获得有意义的发现。

"约法三章"故事

刘邦入关,约法三章,"杀人者死,伤人及盗抵罪。余悉除去秦法",迅速取得了关中民众的支持和拥戴。"秦人大喜,争持牛羊酒食献飨军士。""唯恐沛公不为秦王。"(《史记》卷八《高祖本纪》)刘邦在关中争取民心取得成功,也是后来终于战胜强敌项羽集团的重要因素。

为什么对于"法"的调整和更动会赢得民众拥护呢?

这是因为"秦法"之严酷曾经显著摧残民生,激起民怨,成为社会危机的主要动因。这就是《史记》卷八《高祖本纪》记载刘邦所谓"父老苦秦苛法久矣,诽谤者族,偶语者弃市"。《易·豫》说:"圣人以顺动,则刑罚清而民服。"这里所说的"刑罚清",应当包括司法平和与司法公正。刘邦约法三章的故事,正是"刑罚清而民服"的史证。

"刑罚清",长期被看作王道德治的标志。人们对新王朝的期望,首先包括社会法制管理的"清"。《左传·庄公十年》有著名的"曹刿论战"故事:"春,齐师伐我。公将战。曹刿请见。其乡人曰:'肉食者谋之,又何间焉?'刿曰:'肉食者鄙,未能远谋。'乃入见,问何以战。公曰:'衣食所安,弗敢专也,必以分人。'对曰:'小惠未遍,民弗从也。'公曰:'牺牲玉帛,弗敢加也,必以信。'对曰:'小信未孚,神弗福也。'公曰:'小大之狱,虽不能察,必以情。'对曰:'忠之属也,可以一战。战,则请从。'公与之乘。战于长勺。"鲁军一鼓作气,取得了战役的胜利。所谓"衣食所安,弗敢专也,必以分人",所谓"牺牲玉帛,弗敢加也,必以信",所谓"小大之狱,虽不能察,必以情",都是高标范的合理行政的体现。而最后一条涉及司法制度,曹刿"忠之属也,可以一战"的话,其实透露了多数民众对于"刑罚清"的渴望。

循吏、良吏,是最高统治集团奖掖表彰的模范官吏,其主要特征是忠于职守,行政有效,而能够公正执法,也是政治成功的必要条件。《史记》卷一三〇《太史公自序》关于"循吏"写道:"奉法循理之吏,不伐功矜能,百姓无称,亦无过行。""太史公曰:法令所以导民也,刑罚所以禁奸也。文武不备,良民惧然身修者,官未曾乱也。奉职循理,亦可以为治,何必威严哉?"司马迁认为,只要"奉法循理","奉职循礼",就可以"为治",是不必要专用政治高压的。在司马迁笔下,孙叔敖为楚相,"施教导民,上下和合,世俗盛美,政缓禁止,吏无奸邪,盗贼不起"。子产为郑相,"为相一年,竖子不戏狎,斑白不提挈,僮子不犁畔。二年,市不豫贾。三年,门不夜关,道不拾遗。四年,田器不归。五年,士无尺籍,丧期不令而治。治郑二十六年而死,丁壮号哭,老人儿啼,曰:'子产去我死乎!民将安归?'"公仪休为鲁相,"奉法循理,无所变更,百官自正。使食禄者不得与下民争利,受大者不得取小。"司马迁还写道:"李离者,晋文公之理也。过听杀人,自拘当死。文公曰:'官有贵贱,罚有轻重。下吏有过,非子之罪也。'李离曰:'臣居官为长,不与吏让位;受禄为多,不与下分利。今过听杀人,傅其罪下吏,非所闻也。'辞不受令。文公曰:'子则自以为有罪,寡人亦有罪邪?'李离曰:'理有法,失刑则刑,失死则死。公以臣能听微决疑,故使为理。今过听杀人,罪当死。'遂不受令,伏剑而死。"司马迁赞扬道:"李离过杀而伏剑,晋文以正国法。"

《史记》卷一〇二《张释之冯唐列传》记述,汉文帝出行,途经中渭桥,有行人冲犯车马。汉文帝怒,要求严厉惩处,张释之则主张按照刑法治罪,判处罚金。汉文帝大怒,以为惩罚过轻。张释之则说,"法者,天子所以天下公共也,今法如此而更重之,是法不信于民也。"事后,汉文帝承认张释之的处理意见是正确的。这一故事,说明当时一些重要的执法官员能够以公正为原

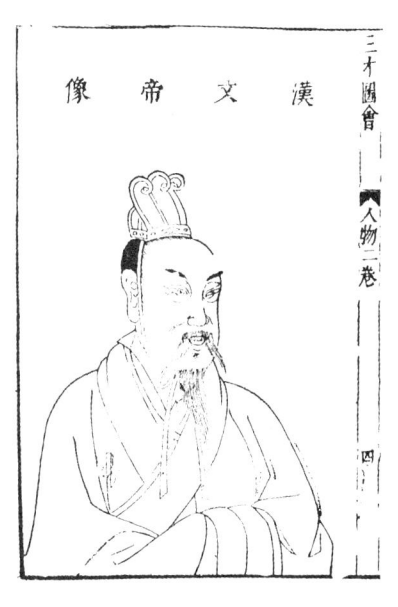

《三才图会》汉文帝像

则,而汉文帝以天下之尊,在盛怒之下也能够虚心纳谏。所谓"法者,天子所以天下公共也"的观念,是一种相当开明的法律思想,其内质,体现了司法公正的社会要求。甚至皇帝本人也无法抗拒这一要求。

《史记》卷一〇《孝文本纪》这样赞美文景之治的成就:

"汉兴,至孝文四十有余载,德至盛也。"汉文帝时代"德治"的成功,有"刑罚清"等因素的作用。汉文帝时代曾经进行重大的司法改革。秦法规定,对罪人行施黥、劓、刖、宫四种肉刑。汉文帝诏令废除黥、劓、刖三种肉刑,改以笞刑代替。当时,许多官员能够执法宽厚,断狱从轻,于是狱事相对比较清明,刑罚相对比较合理。

建国初期的文政

秦统一之后宣布:"使黔首自实田。"(《资治通鉴》卷七《始皇帝下三十一年》)这应当是土地制度方面的重大决策。汉并天下,也推行了按照等级确定田产合法性的法律。

财富平均,是中国传统社会理想的基本原则。在以农耕作为经济主体的社会,财富平均的要求,主要集中于田土的平均。千百年来,中国民众最强烈的要求,是对土地的要求;最迫切的期望,是对土地的期望。他们的"德治"理想,往往归结于对以平均为基点的相对合理的土地制度的向往。

对于"井田制"的认识,可以作为例证。"井田制",是中国古代的一种土地制度。对于"井田"的具体形制,历来有许多不同的解释。一般认为,"井田制"大致可分为八家为井而有公田以及九家为井而无公田两种。20世纪20年代,胡适曾经著文《井田辨》,提出"井田"的均产制只是战国时代的乌托邦,战国以前,从来没有人提及古代的"井田"之制。对这一说法,学界多以为疑古太过。实际上,"井田"的文字遗存虽然年代较晚,但是从许多现象分析,中国古代很可能确实曾经存在过这样的田制。"井田制"由原始氏族公社土地公有制发展而来,既体现出新生的私有制因素,也保留着较多的公有制成分。其基本特点,是实际耕作者对于土地只有使用权,没有所有权。土地在一定范围内实行定期平均分配。因为对夏、商、周三代的社会性质存在不同的认识,因此对"井田制"的性质的认识也有分歧。但有一点各家的认识是大致相同的,这就是都承认"井田"所联系的社会组织的内部,表现出由公有向私有过渡的特征,都承认"井田"的存在,是以土地一定程度上的公有为前提的。

随着土地私有制的出现和普及,"井田制"开始在新田制的冲击下动摇。春秋时期,晋国"作爰田",鲁国"初税亩",都是在事实上承认土地私有制普遍存在的基点上实行的土地制度的改革。战国时期,商鞅在秦国推行变法,实行"为田,开阡陌"的制度,已经以法令形式全面否定了原有的土地所有关系。大约在这一时期,"井田制"终于彻底瓦解。四川青川郝家坪战国墓出土秦国木牍书写有《为田律》,具体反映了当时的新田制的内容,可以看作"井田制"确实已经被破坏的文物证明。

汉王朝建立之后,刘邦推行新的"名田"制度,确定以军功爵级等条件分配土地。这虽然不是绝对的平均,但是在当时有一定的合理性,也自然会得到战后多数人的拥护,而复员军人也因此可以激起生产的积极性。

王莽推行的"王田"制度,有意遏制豪强地主的土地兼并。这一制度虽然失败,设计与推行者追求土地平均的意图,还是应当肯定的。

建国初期的武事

王莽的新朝建立之后,一时志欲方盛,"以为四夷不足吞灭",于是又以强制性的行政方式确定了所谓"天下""四表"。《汉书》卷九九中《王莽传中》记载,其东出,至玄菟(郡治在今辽宁新宾西)、乐浪(郡治在今朝鲜平壤南)、高句骊(在今辽宁东部)、夫余(在今吉林中部);南出者逾徼外,历益州;西出者至西域;北出者至匈奴庭。

西方和南方,为了追求"九族和睦"的虚名,"尽改其王为侯",将边地少数部族领袖由"王"贬称为"侯"。又授匈奴单于印,变易文字,不再称"玺"而改称"章"。匈奴单于称谓,也被改为"降奴服于"。王莽轻视边地少数部族的做法导致了边境的动乱,一时匈奴单于大怒,东北与西南夷发生变乱,西域地区也随即因此叛离。王莽对匈奴等北方草原民族继续推行极其强硬的政策。据《汉书》卷九四下《匈奴传下》:"单于历告左右部都尉、诸边王,入塞寇盗,大辈万余,中辈数千,少者数百,杀雁门、朔方太守、都尉,略吏民畜产不可胜数,缘边虚耗。莽新即位,怙府库之富欲立威,乃拜十二部将率,发郡国勇士,武库精兵,各有所屯守,转委输于边。议满三十万众,赍三百日粮,同时十道并出,穷追匈奴。"一个新政权建立之初,到处树敌,四面出击,是不理智的决策。王夫之就此有这样的评说:"兵者,毒天下者也,圣王所不忍用也。自非鳞介爪牙与我殊类,而干我藩垣,绝我人极,不容已于用也,则天下可以无兵。故莽之聚兵转饟以困匈奴,非久远计者,未尝非策。"不过,"莽非其人,莽之世非其时,故用莽之术而召天下之乱"①。

汉光武帝刘秀建国之后,决心以宽仁方针治国。对于匈奴等外族威胁,取忍让的态度。《后汉书》卷八九《南匈奴列传》记载,两汉之际,中原分裂,"自是匈奴得志,狼心复生",乘机侵扰,危害边境。刘秀"以用事诸华,未遑沙塞之外,忍愧思难,徒报谢而已"。内地大致安定之后,"其猛夫扞将,莫不顿足攘手",争言卫青、霍去病事迹,欲求仿效。"帝方厌兵,间修文政,未之许也。"对于军事将领的好战之心,刘秀以清醒的态度予以遏制。按照李贤的解释:"帝厌其用兵,欲修文政,未许猛夫扞将之事。"

据《后汉书》卷八八《西域传》记载,西北边境以至西域地区的形势,因此出现了变化:"(建武)二十一年冬,车师前王、鄯善、焉耆等十八国俱遣子入侍,献其珍宝。及得见,皆流涕稽首,愿得都护。天子以中国初定,北边未服,皆还其侍子,厚赏赐之。"当时莎车王贤"自负兵强,欲并兼西域,攻击益甚"。诸国得知汉王朝不能派遣都护,而侍子皆被遣还,"大忧恐",于是与敦煌太守文书商量,愿留侍子以示莎车,言侍子见留,都护随即出关,希望对莎车形成威慑。刘秀准许。"二十二年,贤知都护不至,遂遗鄯善王安书,令绝通汉道。安不纳而杀其使。贤大怒,发兵攻鄯善。安迎战,兵败,亡入山中。贤杀略千余人而去。"当年冬季,莎车王贤又攻杀龟兹王,兼并龟兹。鄯善王上书,愿复遣子入侍,更请都护。表示"都护不出,诚迫于匈奴"。刘秀的回复竟然表示:"今使者大兵未能得出,如诸国力不从心,东西南北自在也。"于是鄯善、车师都重新附从于匈奴,而莎车王贤益为骄横。

《后汉书》卷八九《南匈奴列传》说,建武二十七年(51),

---

① [清]王夫之:《读通鉴论》卷五《王莽》,中华书局,1975年,上册第121页。

北匈奴大疫，又遭遇旱蝗之灾，又有大臣提议乘此时机命将临塞，策划出击，以为如此则"北虏之灭，不过数年"。而刘秀的答复强调"柔能制刚，弱能制强"，以所谓"务广地者荒，务广德者强"拒绝了这一建议。（《后汉书》卷一八《臧宫传》）这种片面讲究"柔"，以"文政""广德"的思想所主导的消极的政策，对于历史的走向确实产生了影响。唐代诗人元稹《代曲江老人百韵》诗有"拨乱干戈后，经文礼乐辰"，"光武休言战，唐尧念睦姻"句（《元氏长庆集》卷一〇），是以肯定的语调评价刘秀的西部战略的。然而，事实上中国西部民族关系的总体形势，却在这一讲究"经文礼乐"的时期，发生了显著的变化。于是，与儒学"经文礼乐"精神大不相合的以民族纷争为主题的历史文化，由西部影响到东部，自东汉之后在中国持续了数百年之久。而以关中地方为代表的西部具有优秀历史传统的区域文化的复兴，延迟至于隋唐时代方得以实现。对于东晋十六国时期到隋统一以前这段历史的总体评价，可以有不同的意见，但是连续的战乱对于经济进步的阻断，对于文化传统的摧残，却是有目共睹的。

另外，刘秀的西部方略，看来有心对秦皇汉武以来过度使用民力、连年开边扩张的做法有所纠正，也可以看作对王莽处理西北民族问题的错误政策的"拨乱"。同时，刘秀有关思路的形成，也是以天下初安、国力贫弱的实际情形为背景的。也可以说，刘秀的决策，在某种意义上也是一种无奈的选择。

事实上，汉高祖刘邦也曾经有平城之围受制于匈奴的屈辱。

不过，我们应当看到，刘邦和刘秀政治思想的基点是有明显差异的。前者更多地倾向于进取，后者更多地倾向于保守。正如李贽所说:"光武与高祖不同。高祖阳明,光武阴柔。"①

李贽《史纲评要》有这样的内容:"自黄巢以来,天下血战数十年,然后诸国各有分土。及唐主即位,江淮比年丰稔,兵食有余。群臣争言北方多难,宜出兵回复旧疆。唐主曰:'吾少年军旅,见兵之为民害深矣,不忍复言,使彼民安。则吾民亦安矣,又何求焉!'"李贽就此有四个字的评论:"帝王之言。"②李贽以为建国之初"厌兵""不忍复言""军旅"的做法,是真"帝王"负责任的态度。其"见兵之为民害深矣,不忍复言,使彼民安"的思考,是取"民本"的立场,确实有值得肯定的意义。

---

① [明]李贽:《史纲评要》卷一〇《东汉纪》,中华书局,1974年,上册第254页。
② [明]李贽:《史纲评要》卷二六《后晋纪》,中华书局,1974年,下册第717页。

拨乱反正

西汉王朝建立之初的政治基点,是对秦王朝暴政的否定。

汉世政治语汇中,常可看到"拨乱反正"的说法。《史记》卷八《高祖本纪》写道,刘邦去世,群臣赞美道:高祖出身低微,"拨乱世反之正,平定天下",创立汉家帝业,功最高。于是上尊号为"高皇帝"。《史记》卷六〇《三王世家》也说,"高皇帝拨乱世反诸正",宣扬至德,平定海内。《史记》卷一六《秦楚之际月表》中也有"拨乱诛暴,平定海内,卒践帝祚,成于汉家"的说法。《汉书》卷二二《礼乐志》也写道:"汉兴,拨乱反正,日不暇给。"唐代学者颜师古解释说:所谓拨乱反正,是说"拨去乱俗而还之于正道也"。

"拨乱反正"的说法,最早见于《公羊传·哀公十四年》所谓"拨乱世,反诸正"。司马迁在《史记》卷一三〇《太史公自序》中也写道:"《春秋》以道义。拨乱世反之正,莫近于《春秋》。""拨乱反正"的原义是指治理混乱的政治局面,恢复合理的政治秩序。

西汉初期,最高统治集团确实在许多方面进行了"拨乱反正"的努力,取得了"拨乱反正"的成功。

萧何是主持汉初政治体制成立的有作为的政治活动家,他希望既定方针确定之后,应当"无令后世有以加也"(《史记》卷八《高祖本纪》)。《史记》卷五三《萧相国世家》说,汉兴,萧何利用民众对秦王朝残厉法制的不满,顺从民意,进行了政治改革,"因民之疾秦法,顺流与之更始"。顺应民心以否定秦法,成为汉初政治的标志之一。萧何之后,曹参继任为相,仍然坚持这一方针,据说行政诸事无所变更,依然遵行萧何时创制的制度,以为"治道贵清静而民自定"。他选择身边作为助手的主要干部,专门任用"木讷于文辞"的"重厚长者",而部下有言辞激切、刻意追求个人声名的,均予以斥退。司马迁于是以肯定的态度说道:曹参为汉相国,政风"清静",使百姓在秦代酷政之后"休息无为",于是"天下俱称其美"。(《史记》卷五四《曹相国世家》)

正是在这样的政治背景下,西汉统治阶层成就了世代称誉的"文景之治"。

"拨乱反正",在汉代已经成为习用政治术语,有时也说"拨乱"。史籍中可以频繁地看到相关表述。《盐铁论·诏圣》也写道:"高皇帝时,天下初定,发德音,行一切之令,权也,非拨乱反正之常也。其后,法稍犯,不正于理。故奸萌而《甫刑》作,王道衰而《诗》刺彰,诸侯暴而《春秋》讥。夫少目之网不可以得鱼,三章之法不可以为治。故令不得不加,法不得不多。唐、虞画衣冠非阿,汤、武刻肌肤非故,时世不同,轻重之异也。"御史大夫对刘邦"拨乱反正"有另外的理解。我们在这里不讨论《盐铁论》记录的政治争议,只是关注"拨乱反正"的说法在汉代社会政治生活中的普及。

后世政论以及社会评论和道德评论也习惯于使用"拨乱反正"语。如朱熹曾经说:"原宪只是一个吃菜根底人,邦有道,出来也做一事不得;邦无道,也不能拨乱反正,夷清惠和,亦只做得一件事。"(《朱子语类》卷二四)"克己复礼,如拨乱反正;主敬行恕,如持盈守成。二者自有优劣。"(《朱子语类》卷四二)宋元儒士"汉之光武以英睿之姿,拨乱反正,不数年而天下定"([元]陆友仁:《研北杂志》卷上录宋绍兴中周紫芝语),"拨乱反正,拯民涂炭"([宋]谢采伯:《密斋笔记》卷一)

等说法，也都反映了这样的情形。

"拨乱反正"，已经成为一种政治范式，成为开国初期的一种政治常规。大略执政理念成熟、执政策略成功的开国帝王，都可以得到"拨乱反正"的赞誉。

王霸之道

功臣执政和功臣子执政

宋代历史学者司马光对于汉王朝的创立者汉高祖刘邦开国的成功,曾经发表过这样的评论:"臣光曰:高祖奋布衣提三尺剑,八年而成帝业,其收功之速,如是何哉?惟其知人善任使而已。故高祖自谓'镇国家抚百姓不如萧何,运筹决策成败不如子房,战必胜攻必取不如韩信,三者皆人杰,吾能用之,所以取天下'。韩信亦曰'陛下不善将兵,而善将将'。斯言尽之矣。吕氏之乱,汉氏不绝如线,然而卒不能为患者,外有宗藩之强,内有绛、灌之忠也。文景之时,天下家给人足,几致刑措,后世皆知称慕,莫能及之。"刘邦建国,以及汉初政治的成就,多依仗萧何、张良、韩信"三杰"以及"绛、灌之忠"。文景之治能够成为历代治世的标范,则有周亚夫等开国功臣之子弟的功绩以为重要因素。

中国古代王朝在开国初年,最高执政集团多由创业功臣构成。有的学者称之为"功臣政治"。随后往往有功臣子弟集中从政并占据高位的情形,这就是所谓"功臣子政治"。

回顾西汉一代的政治史,从高级官僚的任用来说,西汉前期的丞相,多是功臣或功臣子弟,而西汉后期诸朝丞相,逐渐演变为以掾史文吏和经学之士为主。

西汉丞相共计45人。我们考察一下服务于12任最高权力者的丞相的出身,可以看到:高帝朝1人,惠帝朝2人,高后朝1人,文帝朝4人,都是功臣。景帝朝4人,功臣子3人,其他1人(卫绾以戏车为郎,击吴楚有功封侯)。武帝朝12人,其中功臣子5人,外戚宗室3人,掾史文吏1人,其他3人(李蔡与公孙贺击匈奴有功封侯；田千秋为高寝郎，讼太子刘据冤见信用）。昭帝朝3人，都是掾史文吏。宣帝朝5人，掾史文吏4人，经学之士1人。元帝朝2人，都是经学之士。成帝朝5人，外戚宗室1人，掾史文吏1人，经学之士3人。哀帝朝5人，掾史文吏1人，经学之士4人。平帝朝1人，经学之士。

很显然，正是从昭宣时代起，政府高级官员的成分发生了重要的变化。掾史文吏和经学之士在上层决策机构人员构成中占有较大的比重，反映了当时政治文化形势的重要演变。西汉后期诸朝丞相，已经以掾史文吏和经学之士为主。

自昭宣时期到西汉末年，丞相计21人22任，考察其出身地域，也可以获得有意义的发现：其中齐鲁人合计7人，8人次，人数占总人数的33.33%；以人次计，则占总人次的36.36%。

齐鲁是儒学发生和发展的基地，是当时的文化重心地区。齐鲁人出任丞相者为多，说明儒学的政治影响力显著增强。这一文化现象，显然是和昭宣以来推崇儒学的努力分不开的。

这种演变，体现出一种政治合理性。然而在每个王朝的开国初年，却不得不听由功臣参与甚至主持最高政治决策。

霸王道杂之

回顾中国古代以专制主义为基本特征的政治史,假若单纯从历代官方文献对于当时行政的记录看,可以说几乎都是"德治"的历史。如果我们检索所有的中国古代政治文书,"德"字的使用频率无疑是显著领先的。利用中央研究院计算中心采用中华书局标点本"二十四史"和《清史稿》制作的"瀚典全文检索系统"统计,在人们公认以政治史为主体内容的历朝正史"二十五史"中,"德"字的出现竟然多达32 453次("前四史"包括注文)。

显然,"德"久已成为中国传统社会政治体系的主构架。而"以德治国",也是千百年来历代王朝诸多执政者专意遵行的政治原则。而几乎所有的帝王,又都把"以德治国"作为自我肯定、自我美化、自我标榜的政治旗帜。考察有关现象,可以丰富我们对于中国传统政治文化的认识,也有益于为现代化进程中的政治体制改革提供有益的历史借鉴。

"德治",一般理解为推行仁政和王道的政治方式。

"为政以德"的原则

孔子的一段名言被记录在《论语·为政》开篇第一段。这就是:"为政以德,譬如北辰,居其所而众星共之。"孔子说,以"德"的原则执政,则一如北极星,自在其所,而群星都拱卫于四周。《左传·昭公五年》记载,孔子在论说"为政"的原则时曾经引述《诗经》:"《诗》云:'有觉德行,四国顺之。'"所引诗句,出自《诗·大雅·抑》。据汉代学者郑玄的解释,是说国君如果倡行德治,"则天下顺从其政"。

孔子其他直接论及"德治"的语录,据《孔子集语·主德》所辑录,还有十余例。如《尚书大传》:"吾于《高宗肜日》,见德之有报之疾也。"《大戴礼记·主言》:"道者,所以明德也;德者,所以尊道也。是故非德不尊,非道不明。"同书《五帝德》篇回顾传说时代帝喾、尧、舜、禹的成功,也记录了孔子

"其德巍巍""其德不回""其德不愆"的评价。同书《虞戴德》篇中,又可以看到孔子有关"用民德""正民德"的主张。当君主问政时,孔子的答复有"兴民之德"语。《诰志》篇又可见孔子对"舜治以德使力"的赞扬。而《用兵》篇又记载了孔子强调"德治",以为"德"的文化影响可以十分久远的言论:"圣人爱百姓而忧海内,及后世之人思其德","永其世而丰其年也"。据说孔子还发表过这样的观点:"天子之德感天地,洞八方。以化合神者称皇,德合天地者称帝,德合仁义者称王。"(《初学记》卷九引《七经义纲》)

与孔子大致同时的子产作为春秋时期有作为的执政者,也曾经提出"为政必以德"的主张。(《史记》卷四二《郑世家》)他还曾经强调:"德,国家之基也。有基无坏,无亦是务乎!有德则乐,乐则能久。"(《左传·宣公二十四年》)可见,在相当久远的年代,所谓"为政以德"不仅已经形成政治理论,而且已经影响政治实践。

《左传·僖公二十四年》有"大上以德抚民"的说法,强调最高境界的政治成功,是依靠"德"的宣传和实践来实现民众的顺从和社会的安定的。我们看到,在春秋战国时期,"德",已经成为不同学派共同关注的政治文化命题,也成为不同学派共同高举的政治文化旗帜。《老子》以"道德"名篇,通称"道德经"。而长沙马王堆汉墓出土帛书《老子》,则是《德经》在前,《道经》在后。《孟子·公孙丑上》主张"以德服人"。《庄子·天下》强调"以德为本"。《管子·兵法》认为,"通德者王"。《荀子·议兵》也说,"以德兼人者王"。虽然诸子百家政治立场不同,文化倾向各异,但是对于以"德"作为政治主导的原则,看来基本上都是一致赞同的。

《大戴礼记·少间》中曾经以孔子的口吻总结"古之治天下者"的成败,指出,古来政治的得失,都体现为能否重视

"德"的作用。《史记》卷九九《刘敬叔孙通列传》记载,西汉初年,有的政论家甚至还指出,"有德"和"无德"所导致的政治的成与败,竟然可以分别至于极端:"有德则易以王,无德则易以亡。"

"德",长期被看作管理国家、统治天下的基本原则和主要法宝。唐初名臣魏徵曾经指出:"德"对于治国来说,是政治"根本",是政治"泉源"。《旧唐书》卷七一《魏徵传》:"臣闻求木之长者,必固其根本;欲流之远者,必浚其泉源;思国之安者,必积其德义。源不深而岂望流之远,根不固而何求木之长,德不厚而思国之治,虽在下愚,知其不可,而况于明哲乎!人君当神器之重,居域中之大,将崇极天之峻,永保无疆之体。不念于居安思危,戒贪以俭,德不处其厚,情不胜其欲,斯亦伐根以求木茂,塞源而欲流长者也。"这种见解,在中国古代执政者和政论家的心目中,是得到广泛认同的。"以德治国",可以说是中国传统政治文化的基本特色之一。

回顾历史,应当说,所谓"德政"与暴政相比,可以给予民众以较宽松的生存空间,给予社会以较有利的发展条件。历史上多次形成的所谓"盛世",常常是执行"以德治国"的原则,成功地调节阶级关系,完善社会秩序,而终于得以实现的。《史记》卷一〇《孝文本纪》这样赞美文景之治的成就:"汉兴,至孝文四十有余载,德至盛也。"《新唐书》卷二《太宗纪》如此颂扬贞观之治的成功:"自古功德兼隆,自汉以来未之有也。"这些对于政治史的评论,都发现和总结了历史上"以德治国"的成功经验。

王霸之道

"以德治国"的"装饰"性意义

白居易《青石》诗有"官家道傍德政碑,不镌实录镌虚辞"句。(《白氏长庆集》卷四)考察涉及中国古代政治文化的有关现象,应当穿破表征透视其真质。正如鲁迅所说,历史上"人的言行",在明处和暗处,"常常显得两样",古来帝王们炫示"德治"的种种政治宣传,其实往往是"黑暗的装饰","是人肉酱缸上的金盖,是鬼脸上的雪花膏"。①

秦王朝以行政暴虐著称。自两汉以后,秦王朝的政治形象,已经定格于"暴政"。但是我们在考察秦政治史时可以看到,秦王朝的当政者在推行暴政的同时,则以"德政"进行自我粉饰。在"秦暴"批判的对立面,我们也看到"秦德"的宣传。其突出实例之一,即所谓"秦皇帝东巡狩,至会稽、琅邪,刻石著其功,自以为过尧舜统"。从《史记》卷六《秦始皇本纪》的记载可以看到,"刻石著其功",据主持其事的秦王朝重臣自称,作"诵功""诵烈""诵圣烈",又有直接强调"德"的宣传,写作"诵功德""诵皇帝功德""称成功圣德""章""成功圣德""立石刻颂秦德"的。西汉政论家贾山在《至言》中以所谓"秦皇帝计其功德,度其后嗣,世世无穷"同所谓"尧舜禹汤文武累世广德以为子孙基业"相对比,指出后者可累世绵延至于数十代,而前者"身死才数月耳,天下四面而攻之,宗庙灭绝矣"。在贾山笔下,两种"德",一种是自诩的"德",伪装的"德";一种是公认的"德",真正的"德"。各自不同的历史结

---

① 鲁迅:《准风月谈·夜颂》,人民文学出版社,2006年。

局,形成了鲜明的对照。

西汉末年,社会危机严重。王莽在复杂的贵族宗派斗争中,以矫情伪饰的手段取得高位,后来成为新朝的皇帝。考察王莽的政治生涯,表面看来,是始终遵循"德"的原则的。《汉书》卷九九《王莽传》正文中所见"德"字多至93例。所说"威德日盛""功德烂然""圣德纯茂""至德要道,通于神明"等,都是时人对王莽正面的颂扬。而尽管其言行时时处处以"德"为标榜,对照当时政治形势的昏暗,可以清晰地透见这种宣传的虚伪与无聊。直到民众暴动的烈火延烧入宫,王莽仍然模仿孔子故事,宣称:"天生德于予,汉兵其如予何!"(《汉书》卷九九下《王莽传下》)对于这种借用"德"以自欺欺人的伎俩,后世历史评论家曾经轻蔑地斥之为:"笑话!"①

回顾历史,距离理想的"德"十分遥远的暴虐的帝王、昏庸的帝王、荒淫的帝王,都不愿意舍弃"德"的旗帜。凡在他们当政的历史时期,文字遗存中可能更多见极端无耻的"以德治国"的自我炫耀之词。

即使是专制时代的"英德之主""圣德之主",在有真正实效的德政之外,也喜好妄自夸饰的"德"的宣传。例如,贞观二年(628)京师发现蝗灾迹象,唐太宗竟手捉蝗虫而吞食之,宣称:我宁愿让你食我的肺肠,也不愿让你食百姓之谷粮。李贽《史纲评要》就此批注:"沽名。"贞观十二年(638),唐太宗令将魏徵包含政治批评意见的奏疏列于屏障,并录付史馆,宣称以此"使万世知君臣之义"。李贽又有批注:"太宗倒底有沽名之念在。"贞观十七年(643),唐太宗问记录自己言行的《起居注》的执笔者褚遂良:朕有不善,卿也记录下来吗?李贽又批注:"太宗好名之心,逗漏于此矣。"唐太宗看到记载

---

① [明]李贽:《史纲评要》卷九,中华书局,1974年,上册第240页。

王霸之道

六月四日玄武门之变自己杀害兄弟的情节语多微隐,对房玄龄说,古时周公杀管叔、蔡叔,是为了安定周室;季友鸩杀叔牙,是为了保存鲁国。我的行为也大体相类。史官不必忌讳,可以削去浮辞,直书其事。李贽批注:"若无周公、季友在前,决要删去矣。好名者之心固如此。"李贽还写道:"读史至唐文皇,亦觉心开目明。其从谏处虽出好名,正所谓三代以下惟恐不好名也,不犹胜于愎谏者耶?"说唐太宗的"从谏"出于"好名",有表演性质,但是毕竟优于根本拒绝谏言的刚愎之主。而夏商周以来的帝王,其实没有不"好名"的。① 李贽所指出的以"德治"表演博取"浮辞"的"好名""沽名"的动机,是我们在读史时可以时常发现的。

有的西方史学家曾经指出,在中国古代,"国家的主宰们由于掌握着极权力量,所以很容易维持最适合统治者的宣传条件"。"专制者可能把他们的政权描述为仁慈的政权,但是实际上,即使在最顺利的情况下,他们也总是力求达到对自己最适宜的、而不是对人民最适宜的理性条件。"这种政治体制的特征,"是仁慈的形式和暴虐的实质"。论者分析了"仁慈神话的双重作用",指出:(1)它强调专制政权的长远利益;(2)它削弱潜在的反对派;(3)好皇帝和清官不能扭转风气。② 这里所谓"仁慈神话",不妨译读为"德治神话"。所谓"仁慈的形式和暴虐的实质",或许也可以译读为"德治"是其表面的形式,"暴政"是其真实的本质。

---

① [明]李贽:《史纲评要》卷一八,中华书局,1974年,第490—491页,第512—513页,第518—519页,第526页。
② [美]卡尔·A.魏特夫:《东方专制主义:对于集权力量的比较研究》,徐式谷等译,中国社会科学出版社,1989年,第132—134页。

"德治"与"法治"

在专制时代,帝王将相们有关"以德治国"的言行,有时确实能够体现出比较清醒、比较开明的政治意识。但是在政治生活逐步走向现代化的时代,如果简单生硬地移用这种政治观念,则未必能够合于历史的潮流。

鲁迅曾经说:"不错,孔夫子曾经计划过出色的治国的方法,但那都是为了治民众者,即权势者设想的方法,为民众本身的,却一点也没有。这就是'礼不下庶人'。"[①]中国古代"权势者"们"计划"的目的在于"为了治民众者"的"出色的治国的方法",在民主政治已经相当成熟的今天,当然只能作为政治设计和政治建设的参考。

《左传·成公十七年》:"德刑不立,奸宄并至。"说"德""刑"并用,很早已经成为执政的原则。《左传·僖公十五年》写道:"德莫厚焉,刑莫威焉。服者怀德,贰者畏刑。"如果在"德"与"刑"之间或者"德"与"法"之间进行治国基本原则的择定,其实是应当进行认真思考的。

在中国古代,有关"德"与"法"对于治国的作用,曾经有过理论的比较。

《吕氏春秋·上德》所谓"先德后武",已经体现了"德治"优先的倾向。朱熹在注解孔子"道之以德,齐之以礼"的原则时,也说:"愚谓政者,为治之具。刑者,辅治之法。德、礼则

---

① 鲁迅:《且介亭杂文二集·在现代中国的孔夫子》,人民文学出版社,2006年。

出治之本,而德又礼之本也。"认为"刑"是实现"治"的辅助方式,而"德"则是实现"治"的根本的根本。

据《新唐书》卷一一二《韩思彦传》记载,当时曾经有人发表这样的政论:"国安危在于政。政以法,暂安焉必危;以德,始不便焉终治。夫法者,智也;德者,道也。智,权宜也;道,可以久大也。故以智治国,国之贼;不以智治国,国之福。"认为如果为政以"法",则虽然暂时安定而终将危殆;而为政以"德",则起初有所不便而终将实现大治。"法",是权宜之计;"德",是永久的原则。所以,以"法"治国,是国家的祸害;以"德"治国,是国家的福庆。这样的观念,在中国古代政治生活中,是有权威性的影响的。这种认识的根源,可以追溯至《论语·为政》所记载的孔子的话:"道之以政,齐之以刑,民免而无耻;道之以德,齐之以礼,有耻且格。"

有的学者在分析中国历史文化时曾经指出:"凡是官僚体制能够起支配作用的地方,受关注的不仅是形式上去完成法律规范(Rechtsnorm),更受注意的是其实在的'公道',的确,这种'公道'可与官僚体系的内在伦理(Ethos)相符。""因此,不仅形式的法学未能发展,而且它从未试图建立一套系统的、实在的、彻底理论化的法律。"[①]这里所谓"公道",有与"德"大致近似的涵义。中国古代政治观念中的"法"与现代意义的"法"有根本的不同。但是分析自古以来重"德"而轻"法"的思想倾向及其影响,对照政治文化的若干现状,依然可以看到历史传统的惯性。

今天许多学者对于"法制"和"法治"的区别有所关注。其实,在中国古代政治观念中,"法制"和"法治"严格说来并

---

① [德]马克斯·韦伯:《儒教与道教》,洪天富译,江苏人民出版社,1993年,第175页。

没有本质的差异。这是近代"法治"的思想不可能在当时的背景下自然生成的缘故。不过,在记录中国古代政治思想的文献遗存中,确实"法治"之说远远少于"法制"。在文渊阁《四库全书》中,"法制"出现 4571 次,"法治"只出现 2218 次。

儒学经典中,《礼记·月令》有"修法制"的说法。而"法制"之说更多见于比较注重政治实践、政治实务、政治实用、政治实效的一些思想家的论著中。如"法制"一语在《管子》中出现 20 次,在《商君书》中出现 7 次,在《韩非子》中出现 4 次。这一现象或许可以给我们以某种启示。"法制"的直接意义,是指法令制度以及因此建立的社会秩序。《后汉书》卷四九《仲长统传》:"君子用法制而至于化,小人用法制而至于乱。均是一法制也,或以之化,或以之乱,行之不同也。"认为君子使用法制则可以实现"治",小人使用"法制"则可以导致"乱"。同样都是"法制",结果或"治"或"乱",是"行之不同"的缘故。推行同样的"法制",会有不同的政治前景,归根结底,仍然决定于因"德"而决定的"君子""小人"之分。

《管子》和《韩非子》又都曾经提出过"以法治国"的主张。然而如《管子·明法》所说,所谓"以法治国",最终将实现这样的政治境界:"主虽不身下为,而守法为之可也。"可见,在这样的政治逻辑体系中,"主",其实是既在"法"之外,又在"法"之上的。又如《韩非子·有度》虽然强调"法不阿贵",主张法的施行,对于大臣和匹夫应当都是一致的,但是又说道:"法审则上尊而不侵,上尊而不侵则主强而守要。""法"的明确,在于维护最高执政者的地位,"上尊""主强",得以"不侵",得以"守要",这就是"法"的主要功用。这就是中国专制时代"以法治国"的实质。

在中国传统政治语汇中，确实也曾经有"人治"的说法。但是当时所谓"人治"，与今人理解的与"法治"对应的"人治"有所不同。中国古代通常所说"人治"，是指"人"的管理，即以"德"的准则来约束民众，治理国家。《礼记·大传》和《仪礼·丧服》都有"名者，人治之大者"的说法，汉代大儒郑玄解释说："人治，所以正人。""人治"之本，也依然是"德"。

霸王道杂之

汉宣帝的执政心得

《左传·僖公十五年》写道:"德莫厚焉,刑莫威焉。服者怀德,贰者畏刑。"汉代学者所谓"夫刑罚者,治乱之药石也;德教者,兴平之粱肉也"(《后汉书》卷五二《崔寔传》),也是较好的比喻。在"德"与"刑"之间或者"德治"与"刑治"之间进行治国基本原则的择定,中国古代的学界和政界曾经有过理论的思考和实践的比较。

《论语·为政》记载了孔子的名言:"道之以政,齐之以刑,民免而无耻;道之以德,齐之以礼,有耻且格。"《吕氏春秋·上德》所谓"先德后武",《说苑·政理》所谓"圣王先德教而后刑罚",也都体现了"德治"优先的倾向。于是,"出德号,省刑罚"(司马相如:《上林赋》),被看作理想政治的风格。据《新唐书》卷一一二《韩思彦传》记载,曾经有人发表这样的政论:"国安危在于政。政以法,暂安焉必危;以德,始不便焉终治。夫法者,智也;德者,道也。智,权宜也;道,可以久大也。故以智治国,国之贼;不以智治国,国之福。"认为就治国来说,"法"是操作的技巧,"德"则是永久的原则。这样的观念,在中国古代政治生活中,是有权威性的影响的。朱熹在注解孔子"道之以德,齐之以礼"的原则时,也说:"愚谓政者,为治之具。刑者,辅治之法。德、礼则出治之本,而德又礼之本也。"([宋]赵顺孙:《论语纂疏》卷一《朱子集注》)认为"刑"是实现"治"的辅助方式,而"德"则是实现"治"的根本的根本。这是一种长期占据主导地位的意见。元人毛应龙《周官集传》卷三所谓"治国者德不足辅之以刑"也体现出以"德治"为主,以"刑治"为辅的政治观念。

也有人不同意以"先德教而后刑罚"作为绝对的教条。开明政论家的主张,是实现"德治"和"刑治"的统一。《申鉴·时事》有"德刑并用","或先德后刑,或先刑后德,随时所宜"的说法。此外,所谓"德刑兼用"(《后汉纪》卷三〇《孝献皇帝纪》),"刑德并用"(《宋书》卷五五《徐广传》),"刑德备举"(《梁书》卷一《武帝纪上》)等,说的都是同样的意思。汉宣帝虽然以尊崇的态度对待儒学,但是在行政实际运作方面,却仍然比较注重任用有实际管理能力,熟悉法令政策的所谓"文法吏",并且以刑名为基准考核臣下。太子刘奭也就是后来的汉元帝以为当时持刑过于严酷,建议重用儒生主持政法。汉宣帝则严厉训斥道:我汉家自有制度,"本以霸王道杂之",怎么可以单用德教,回复儒学倡导的周政呢!(《汉书》卷九《元帝纪》)宋人王楙《野客丛书》卷三说:"此语甚当。似不若曰:杂秦周之所以取者取之,杂秦周之所以守者守之者,汉也。"西汉政治的成功,或许有这方面的原因。

董仲舒说:"阳为德,阴为刑。刑德不失,而岁功成。今废先王德教之官而独任执法之吏,而欲德化之被四表,固难成也。"(《前汉纪》卷一一《孝武二》)正是对汉王朝行政似乎轻"德教"而重"执法"的批评。后人对韩非"欲独任刑用诛"的批评(《论衡·非韩》),对诸葛亮"严刑治蜀"的批评([宋]李弥逊《筠溪集》卷一〇《议古》),对王安石"只是以政刑治天下,道之以德,齐之以礼之事全无"的批评([宋]杨时《语录四·余杭所闻》),也都表达了同样的政治意识。

宋人钱彦远《上仁宗答诏论旱灾》写道:"臣闻天地有常数,阴阳有常度。当进退盈虚之际,两适均等则气和,气和则风雨时,风雨时则万物育矣。然阴盛则水,阳盛则旱,二者自然之理。故阳主德,阴主刑,德不可以独任,德过则弛;刑不可以专任,刑过则惨。"(《宋名臣奏议》卷四〇)论者以为"德""刑"均"不可以独任","德过则弛""刑过则惨"的意见,应当说是合乎政治学的辩证法的。

王霸之道

"德治"的败局

面对黄仁宇《万历十五年》(中华书局1982年)一书所剖示的历史切片,我们透过鲜活生动的时代断面,可以感受到中国社会文化演进到16世纪晚期的真切情状。

万历十五年,京师旱,大疫,又大雨,江北蝗灾,江南水灾,黄河中下游旱,河决开封,又发生郧阳兵变。是年,努尔哈赤吞并邻近的部落,逐渐开拓疆土,已经为辽东巡抚所注意。明王朝面临严重的内忧外患,而政治的腐败也无药可治。

这一年,也就是公元1587年,世界历史出现新的局面,日本丰臣秀吉平定九州;英国舰队袭击西班牙海军基地并拦截葡萄牙东印度公司商船,海上争霸运动盛起;波兰商人和巴黎商人相继在莫斯科取得贸易权,欧洲商业进程跨入新的阶段。而此前一年,俄罗斯建立了征服西伯利亚的根据地;此后一年,西班牙以132艘巨舰组成的"无敌舰队"进攻英国,为英国海军所败。

1587年,可以看作后来300年世界历史的开局;也可以看作1800多年来已经熟透了的中国专制主义王朝终于走向颓败的转折。

《万历十五年》一书从几个不同的角度,分别叙说了万历皇帝本人,已故和在任的首辅大臣张居正、申时行,以及"古怪的模范官僚"海瑞,"孤独的将领"戚继光,"自相冲突的哲学家"李贽等人的政治表演和政治影响,分光而后聚焦,使得对于当时历史的观察,呈现充实、多彩又具有立体感的效果。

作者目力之深刻,笔法之雄拔,已经多有评论者赞赏。我们以为还应当特别指出的,是他对于中国传统政治的一个基本特征,即过度强调"道德"作用的特征的认识,体现出的历史真知。

在孔子设计理想政治形式时,已经提出"为政以德"(《论语·为政》)的原则。中国历代王朝都是大体按照"德治"的主张进行政治建构和政治运行的。古代专制帝国共有的政治模式,都是将"以德治国"或者"德治"作为基本原则。"即使是技术上的问题送交御前请求决定,也要翻译成为道德问题,以至善或极恶的名义作出断语。"①不过,在许多情况下,执政集团又往往只是"利用道德上的辞藻作为装饰"②。于是,暴虐政治和昏暗政治,也往往以"德治"作为包装。

从"修身"到"治国平天下",在古代从政人员的精神世界中,是具有一体性的政治道德系统。黄仁宇写道,首辅申时行每当行走到文华殿附近,"他就自然而然地感到一种沉重的负担。这是一种道德观念的负担"。"申时行所深感不安的乃是他所尽的心力,并没有达到预期的效果。一个'万历之治'的灿烂理想,也许至今已成泡影。"③这种成就"德治"的"灿烂理想",当然并非一人或一集团甚至一阶层之力可以实现。其基本条件是时势。而时势已经大变。在万历时代已经不具备古来盛世的时代条件了。面对新的时势要取得新的成功,需要制度的更新。

"直臣"和"清官"是传统政治道德的人格代表。他们于是具有一种"道德上的权威"。然而如黄仁宇所指出的,一方

---

① 黄仁宇:《万历十五年》,中华书局,1982年,第80页。
② 黄仁宇:《万历十五年》,第38页。
③ 黄仁宇:《万历十五年》,第44页。

面"忠臣烈士的名誉,确乎是一种高贵的商品"①;另一方面,个人对于政治道德的坚守往往并不能真正有益于扭转危局。如李贽对于海瑞之过于拘泥于传统的道德,就有只是"万年青草","可以傲霜雪而不可以任栋梁者"的评价。([明]李贽:《焚书》卷四)李贽本人的心理矛盾,其实也交集于道德。正如黄仁宇所说:"在一种社会形态之中,道德的标准可以历久不变,但把这些标准在生活中付诸实践,则需要与不同的时代、环境相适应而有所通变。李贽和他的同时代的人物所遇到的困难,则是当时政府的施政方针和个人的行动完全凭借道德的指导,而它的标准又过于僵化,过于保守,过于简单,过于肤浅,和社会的实际发展不相适应。本朝开国两百年,始终以'四书'所确定的道德规范作为法律裁判的根据,而没有使用立法的手段,在伦理道德和日常生活之间建立一个'合法'的缓冲地带。因为惟有这种缓冲地带才能为整个社会带来开放的机能,使政府的政治措施得以适合时代的需要,个人独创精神也得以发挥。"②

这是一种对于中国古代社会历史的崭新认识。也许有关"缓冲地带"的论点还需要展开阐说,但至少已经可以给我们提供重要的启示。对照万历年间明显表现出颓势的政局,我们以为黄仁宇的分析是可以成立的:"中国两千年来,以道德代替法制,至明代而极,这就是一切问题的症结。"③

---

① 黄仁宇:《万历十五年》,中华书局,1982年,第59页。
② 黄仁宇:《万历十五年》,第228页。
③ 黄仁宇:《万历十五年》,第4页。

关于历代"官数"

政府的基本功能包括决策、执法和行政。这三项主要任务需要一定数量的官吏提供政策咨询、组织政令推行、从事政务操作。在中国传统政治语汇系统中，政事又被称作"官政""吏政"，就是因为主要是官吏们的表演，使得政治舞台上五彩纷呈的历史活剧永不落幕。

一方面，国家行政机器的正常运转需要足够数量的官吏协调工作。但是另一方面，最高统治者又面临调动各级官吏的积极性以提高实际行政效能的问题。使各级官吏都得到相应的实利以维持其工作热情，又不使其超过一定的合理度以危害社会政治生活的正常秩序，这需要处理相当复杂的关系。在中国专制时代，这种关系通常需要通过周期性的社会剧烈动荡的形式实现有效的调整。一般来说,国家机器因权力的腐蚀而锈蚀,往往突出表现为官吏工作效率的低下。而官吏工作效率的低下与官吏数量总额的膨胀,是互为因果的。官吏数额的增加,又直接加重了民众的负担,从而使社会矛盾日益激化。

分析中国历代官吏人数及有关问题,有益于我们认识政治史的全景。尽管统计资料不尽完备,准确程度也十分有限,但是通过对一些有关信息的分析,仍然能够找寻若干可以反映历史真实的遗迹,发现若干可以说明历史趋势的现象,总结若干可以体现历史规律的认识。

历代行政机构编制

唐代学者杜佑撰著《通典》,记载自传说时代唐虞之朝至唐肃宗、唐代宗时历代典章制度的沿革。其中分有八门,在"职官"门中,第一部分是"历代官制要略",而最先列述的就是"官数"。

杜佑写道:官数,唐 60 员。虞 60 员。夏 120 员。殷 240 员。周 63 675 员(内 2 643 人,外诸侯国官 61 032 人,按《礼记·王制》计之,殷制同)。汉自丞相至佐史,凡 130 285 员(哀帝时数,兼诸府州郡胥吏)。后汉 7 567 员。晋 6 836 员。宋 6 172 员。齐 2 103 员。后魏 7 764 员。北齐 2 322 员(并内官)。后周 2 989 员(并内官)。隋 12 576 员(内官 2 581,外郡县官 9 995)。大唐 18 806 员(内官 2 621,外郡县官 16 185)。这是最早的比较系统的对于历代"官数"的分析。

重视这种分析,反映了历史学者政治观念的成熟。

杜佑关于唐虞夏时代"官数"的记录,据说是根据《尚书》的文字和汉代学者郑玄的解释。大致说来,所谓唐60员,虞60员,夏120员的数字很可能并不精确,却基本是与官僚制度最初萌生的情形大体相符合的。当时文明进程尚在初阶,疆土规模褊狭局促,国家形式拙朴粗陋,官吏数量寥寥可数,自然是合乎情理的。关于殷商官吏的数字很可能已经与历史真实存在距离了。而殷240员,周63 675员,数额之悬殊令人吃惊。殷商政权迭兴,后者官吏人数竟然超过前朝的265倍,真实性不免可疑。

西汉王朝的"官数",大约是根据《汉书》卷一九上《百官公卿表上》的记载,不过我们现在通常使用的以王先谦《汉书补注》本为底本点校的中华书局本《汉书》写作:"吏员自佐史至丞相,十二万二百八十五人。"杜佑则说"汉自丞相至佐史,凡十三万二百八十五员","二"与"三"的差别,应当是由于书写刻印的讹误。据王先谦说,《汉书》有的版本"十二万"正是写作"十三万"。东汉王朝的"官数"据说是7 567员,只是西汉的5.8%,也是令人惊异的,但是这一数字看来并不准确。例如据《汉官》一书提供的东汉京师地方官府员吏编制资料,河南尹与洛阳县员吏多至1 723人,而不包括中央政府官吏的首都地方政府员吏竟占全国"官数"7 567员的22.7%以上,显然是不合常理的。《汉官》是内容久已残缺的关于东汉官制的著作,其中据不完全统计,公卿员吏至于3 782人,加上河南尹及洛阳员吏,为5 505人。如此,则全国"官数"的72.7%以上集中在京师,也是值得怀疑的。现在看来,东汉"官数"为7 567员的说法,可能偏于保守,与事实有较大的距离。

据《通典》记载的"官数",晋代和南北朝时代都是数千人,隋代为12 576人,唐代则为18 806人。这些统计资料当然都不可能十分可靠,却或许大致反映了强盛的统一王朝政治统治较为严密,政治管理较为有效,于是"官数"也相对较多的历史趋势。

南宋郑樵撰《通志》和宋元之际马端临撰《文献通考》,记载了从上古时代到宋代典章制度的历史沿革。其中关于"官数"的部分,自唐虞至唐代,大体沿袭了杜佑《通典》的说法,但是《文献通考》补充了《周礼》一书中的"命官员数":"自公而至下士,总计二万五千二百六十六人。"《周礼》成书年代,大致在战国晚期到西汉前期。《周礼》的内容,应当看作理想的政治形式的设计,所以其中说到的"官数",不能理解为历史实际的记录,只可以看作一种政治思想的反映,在我们从事有关研究时以为参考。《文献通考》又补记了"宋内外官员数"一节:"元丰间,南丰曾巩议经费,言景德官一万余员,皇祐二万余员,治平并幕职州县官三千三百余员,总二万四千员。"说宋神宗元丰年间南丰人曾巩讨论政府经费时说到,宋真宗景德时代(1004—1007)、宋仁宗皇祐时代(1049—1053)、宋英宗治平时代(1064—1067),官员数额不断增加的情形。大约60年间,官员总额增加了140%左右。这样的趋势,是值得注意的。

清乾隆时官修《续通典》记载,辽官数无考;金19 700员;元16 425员;明24 683员(内官1 974员,外官22 709员)。这些数字,未必真正反映了"官数"的实际。例如元代"官数",据《元典章》卷七《内外诸官员数》记载,为26 690员,相当于《续通典》提供数字的162.5%,可见相互差距是相当大的。

有关清代以至民国时期政府官员数额的资料由于年代距今未远,其失真的情形往往更为明显。

中国历代"官数"资料的准确度不可尽信的原因,有多种因素,除涵盖不全面,统计不完整,以及同一朝代的不同时期"官数"可能有诸多变化等原因之外,法定编制和实际员额往往存在很大差别,也值得注意。

编制数额与实际用人数

中国古代官吏的法定编制和实际员额,常常存在相当显著的差别。

严耕望《秦汉地方行政制度》一书中对郡县属吏名目进行了详尽的考定①。江苏东海尹湾汉墓出土简牍有关于西汉东海郡吏员编制的资料《东海郡吏员簿》,又有《东海郡属吏设置簿》,两相比较,郡太守府实际所用属吏数远远超过定员数②。有学者还发现,《东海郡吏员簿》所记载东海郡县之属吏名目与严耕望《秦汉地方行政制度》一书中考订的郡县属吏名目差异甚大。前者名目较少,分职简单,后者则名目众多,分职详密,"所职可见政府组织与分职职掌,规模甚盛"。看来,简牍资料所反映的东海郡吏员名目,应当是汉初制定的编制。郡县长官起初是按照这一编制设置属吏的。然而,后来郡府县廷行政分工渐细渐密,郡府县廷的组织机构也日益庞大,在定编之外,又以"君卿门下""以故事置""请治所置吏""赢员"等名目而任命增设属吏,于是吏员人数出现了严耕望研究成果中所指出的规模。"赢员",就是多余的吏员。朝廷知道郡县属吏之实际用人数远远多于定编数,可能有适当更改增加编制以适应实际的情形,但是地方政府膨胀不已,朝廷对郡县政府属吏编制之调整永远赶不

---

① 严耕望:《中国地方行政制度史》甲部《秦汉地方行政制度》,"中央研究院"历史语言研究所专刊第四十五 A,1990 年,第 119—143、216—233 页。

② 连云港市博物馆、东海县博物馆、中国社会科学院简帛研究中心、中国文物研究所:《尹湾汉墓简牍初探》,《文物》1996 年 10 期。

上实际用人数的增加。《汉书》卷一九上《百官公卿表上》说元始二年,全国吏员人数是"吏员自佐史至丞相,十二万二百八十五人",不过,"此数乃全国官吏之编制数额,远比实际之用人数为少"①。

据《续汉书·百官志五》刘昭注补引《古今注》说,汉顺帝永和三年(138),"河南尹及洛阳员吏四百二十七人"。可是据《汉官》一书提供的东汉京师地方官府员吏编制资料,"河南尹员吏九百二十七人",此外,洛阳县又有"员吏七百九十六人",两者相合,多至1 723人,是《古今注》所说河南尹及洛阳员吏427人的403.5%。两种记载数字如此悬殊,可能也反映了法定编制和实际员额的差别。

《旧唐书》卷一四《宪宗纪上》记录了当时人对于"设官有限而入色无数"的批评。针对宋代冗官现象的严重,有人也曾经指出"天下有定官无限员","国家郡县,素有定官,譬以十人为额,常以十二加之"的情形。(《宋史》卷二八四《宋庠传》)所谓"设官有限而入色无数",所谓"有定官无限员",可能反映了历代"官数"共同的情形。

上文说到,据《元典章》记载,元代"官数"为26 690员。元代16次开科取士,总人数为1 100人左右②,可是据元末明初人叶子奇《草木子》卷四下《杂俎》中分析元代仕途时所说,"科目取士,止是万分之一耳,殆不过粉饰太平之具"。如此按照通过科举入仕只是"万分之一"的比例推计,当时实际的"官数"是十分惊人的。叶子奇之说当然有夸张的成分,但是朝廷正式公布的"官数"往往与实际员额距离极大,也是不可

---

① 廖伯源:《简牍与制度——尹湾汉墓简牍官文书考证》,文津出版社有限公司,1998年,第63—67页,第73页。

② 据方壮猷《辽金元科举年表》统计,见黄留珠《中国古代选官制度述略》,陕西人民出版社,1989年,第355、367页。

否认的事实。

内蒙古和林格尔汉墓壁画中人物形象榜题文字有"上郡属国都尉西河长史吏人马皆食大仓","繁阳吏人马皆食大仓,功曹繁阳县仓"等字样,其他汉代壁画墓中也可以看到"食太仓粟"一类文字。大约汉代官吏的俸食,有中央政府和地方政府支给的区别。这一情形,可能也与是否属于朝廷正式编制有关。

"冗官""冗吏"

18世纪启蒙运动最杰出的代表人物之一、法国大革命的思想先驱者卢梭在《社会契约论》中曾经写道,"如果国家仍然是同一个国家,行政官的数目纵然可以任意增加,政府却并不会因此便获得更大的实际力量","还可以肯定:负责的人越多,则处理事务就愈慢","随着行政官的增多,政府也就会松弛下来"。卢梭认为,政府的全部力量始终就是国家的力量,"政府愈是把这种力量耗费在自己成员的身上,则它剩下来所能运用在全体人民身上的力量也就愈小"。"因此,行政官的人数愈多,则政府也就愈弱。"卢梭指出:"这是一条带有根本性的准则。"① 卢梭提示的行政官员的"增加""增多"即导致体制的"耗费""松弛"以及效能的"愈慢""愈弱"的原则,体现了行政史的规律。

行政官员人数的膨胀导致的行政机构的臃肿,中国传统政治术语称作"官职冗滥"。不必要的多余的行政官员,通常称为"冗官""冗吏"。湖北云梦睡虎地秦简法律文书《秦律十八种》中的《金布律》《效律》,说到当时已经有"冗吏"称谓。汉《史晨碑》也有"冗吏"字样。敦煌汉简可见"不可作事者冗食于仓"的简文,可见当时所说的"冗吏"与后来文献记载中所见"冗吏"意义是十分接近的。

"冗滥"有时又写作"冗溢"。如《新唐书》卷一二〇《崔纵传》说到"内外官冗溢"。宋代政论家苏辙在《西掖告词·胡

---

① [法]卢梭:《社会契约论》,何兆武译,商务印书馆,1980年,第84、82页。

宗愈吏部侍郎》中也指出:"方今吏员冗溢,待次者无筭。"(《栾城集》卷二八)

政府结构这种"官职冗滥"现象,总是在历代王朝的中期发生,于是形成了一种历史的循环。这种现象同政府成员的腐化、政府效能的退化,几乎是同步的。所谓"官职冗滥",即"官数"表现为极度膨胀的反常现象,是病态政治的症状,也形成可能导致严重社会危机的起因。

"官职冗滥"现象往往引起开明政治家的警觉。

他们首先注意到的,是这一现象导致的国家财政负担的沉重,如《新唐书》卷五四《食货志四》所谓"官冗伤财"。唐玄宗开元年间,许景先上奏,说到"冗官厚秩,禁卫崇班,动盈累千,其算无数"的情形,以为"甚费府库"(《旧唐书》卷一九〇中《文苑传中·许景先》)。唐文宗时刘蕡所谓"国廪罕蓄,本乎冗食尚繁"(《旧唐书》卷一九〇下《文苑传下·刘蕡》),也指出了同样的问题。宋代官僚机构的"冗滥"现象十分严重。许多人认为这一现象是导致国家"积贫"的直接因素。宋祁曾经上书,指出朝廷有"三冗","以困天下之财"。这"三冗"就是官冗、兵冗、僧道冗。"三冗不去,不可为国。"其中最为严重的就是官冗。(《宋史》卷二八四《宋庠传》)司马光在《辞免裁减国用札子》中曾经指出"官职冗滥"是财政困难的主要原因之一。苏辙《上皇帝书》又写道:"事之害财者三:一曰冗吏,二曰冗兵,三曰冗费。"(《栾城集》卷二一)所谓"冗吏",被列为损害国家财政的最严重的弊端。苏轼等人也指出:"吏部以有限之官,待无穷之吏,户部以有限之财,禄无用之人",国家怎么可能不穷困呢!(《宋史》卷一五五《选举志一》)据宋毕仲游《丞相仪国韩公行状》,韩忠彦曾经就元丰时期的财政形势上言:"今岁出之数,多于所入,故国计不足。臣窃计之,凡文武百官宗室之费,加倍于皇祐,而四倍于景德;三班常选胥吏之数则又过之。"(《西台集》卷一五)说宋真宗景德时期至宋仁宗皇祐时期,官禄加倍,至宋神宗元丰时期,官禄竟然又翻了一番,而国家财政收入并没有显著增加,于是入不敷出。宋仁宗嘉祐八年(1063),司马光在《论进贺表恩泽札子》中曾经说,当时官吏"十倍于国初"。北宋末年,"官职冗滥"情形更为严重。宋徽宗大观年间,御史中丞张克公说:"今官较之元祐,已多十倍,国用安得不乏!"(《宋史》卷一七九《食货志下一》)指出一二十年间,"官数"又增长了十倍。李纲在《理财论下》中曾经提出,只要解决"官职冗滥"问题,财政危机就能够得以解决:"今若罢冗局,省吏员","则邦用可以不劳而告足。"当时人所谓"省冗员,节浮费"(《宋史》卷三五八《李纲传上》),所谓"深裁浮冗,以宽用度"(《宋史》卷三五五《虞策传》),所谓"省其冗员,则息其经费"(《宋史》卷四四〇《文苑列传二·罗处约》)等,也都说明了这样的关系。《金史》卷四八《食货志三》对于解决"官职冗滥"现象与改善财政状况的关系,又有"节无名之费,罢闲冗之官"的说法。《元史》卷一二《世祖纪九》也可见"衙门太冗,虚费俸禄"的政治批评。《清史稿》卷二三《德宗纪一》所谓"诏汰冗员,删浮费",也体现了同样的认识。

"官职冗滥"现象不仅加重了国家财政危机,也使得民众不堪重负。宋太宗时,王化基献《澄清略》评论时政,提出五点建议,其中之一就是"省冗官"。关于冗官的危害,他指出:"使皆廉吏,止糜公帑;设或贪夫参错其间,则取于民者又加倍矣。"(《宋史》卷二六六《王化基传》)冗官如果都是廉吏,只不过耗费国库资财;如果其中夹杂贪官,那么民众的负担则又必然大大加重。其实,"使皆廉吏",是不可能的,"设或贪夫参错其间",也只是语气委婉的假设之辞,在专制时代的政治文化生态中,在极度腐败的官僚机器中,又有几个官吏不是"贪夫"呢?

"官职冗滥"现象的另一严重危害,在于可以促使国家机器加速腐化乃至彻底朽坏。列宁曾经说,官吏,"是腐蚀着这个社会的内部矛盾所滋生的寄生虫,而且正是'堵塞'生命的毛孔的寄生虫"[①]。这种寄生虫拥塞于肌体,可能窒息政治机构的活力乃至整个社会的活力。"官职冗滥"可以严重败坏官场的政治空气。宋代冗官冗吏充斥政坛上下,据说"自古滥官,未有如此之多"。正官之外,候补官缺的人员多到"不知其数",据说"大约三员守一缺"。于是形成宋祁所谓"一官未阙,群起而逐之",苏辙所谓"吏员冗溢,待次者无筭",苏轼所谓"以有限之官,待无穷之吏"的形势。在这样的环境下,如宋祁所说:"吏何得不苟进?"于是在职官员大多委琐因循以自保,"吏胥行遣,只检旧例,无旧例则不行"。于是政治生活中弥漫着陈腐衰暮的气息。而"待次者"往往多以钻营方式谋求进身之道。《宋史》卷三〇二《鱼周询传》说到当时人对"官冗之敝"的认识,其中所谓"仕进多门,人污政滥,员多阙少,滋长奔竞"的说法,是值得重视的。因为"官职冗滥"现象所导致的争权竞利的心理倾向的滋长和蝇营狗苟的行为习惯的养成,必然会加剧政风的败坏。明嘉靖四十二年(1563),南陵王朱睦楧上书议政,建议"革冗职以除素餐,戒奔竞以息饕贪"(《明史》卷一一六《诸王列传一·太祖诸子一·南陵王睦楧》),所说"冗职"与"奔竞"两事,其实是相互联系的。出于阴暗心理的不正当竞争的兴起,使得险利之徒冒进,而方雅之流知难而退,于是在"列位已广,冗员倍多,祈求未厌,日月增数"的情况下,反而"才者莫用,用者不才"(《旧唐书》卷九二《萧至忠传》)。

---

① 列宁:《国家与革命》,《列宁选集》,人民出版社,1972年,第3卷第195页。

"官职冗滥"现象还会助长行政环节的复杂化和行政效率的低下。唐代政论已经有"官省则事省,事省则人清;官烦则事烦,事烦则人浊"以及"清浊之由,在官之烦省"的说法。(《旧唐书》卷一四《宪宗纪上》)史籍中所能够看到的所谓"废冗官"与"裁冗事"的联系(《宋史》卷二八五《冯拯传》),"减冗官"与"省去烦冗文帐"的联系(《宋史》卷二八四《陈尧佐传》)等,也都说明了这一事实。而行政过程的曲折,又会反过来使得"官职冗滥"现象更加严重。这就是《新唐书》卷四六《百官志一》所说的:"其事愈繁而官益冗,至失其职业而卒不能复。"

怎样"救官冗之敝"

克服"官职冗滥"现象以解救政治危机,如苏轼所谓"救官冗之敝",是历史上许多次改革曾经提出的政治任务。目睹"官职冗滥"或者"吏员冗滥"的严重危害,往往使得有识见的政治家痛下改革的决心,并且在推行改革的事业中将裁汰冗员作为最重要的步骤之一。作为调整政治关系、改善行政管理的手段,执政者也重视推行"汰冗官"的政策。

北魏孝文帝主持的改革,包括对"冗官"的裁撤。《魏书》卷一九中《景穆十二王列传中·任城王》记载,元澄曾经负责朝廷的这次"铨简旧臣"的人事调整。起初北魏贵族官僚"动有万数,冗散无事",元澄重新量其优劣,品为三等,尽其德才而任用。

唐玄宗即位初年,宰相多至 17 人,"台省要职不可数",姚崇曾经主持"罢冗职"的制度改革,取得了成功。(《新唐书》卷一二四《姚崇传》)《旧唐书》卷一二〇《郭子仪传》说,唐代宗时,郭子仪论奏,有"黜素餐之吏,去冗食之官"的建议。唐德宗贞元年间,宰相齐抗曾经"奏减冗员"(《旧唐书》卷一五九《韦处厚传》)。李泌也曾经提议"省官",并且对唐德宗解释说:"所谓省官者,去其冗员,非常员也。"他认为"可悉罢"的地方有关官吏,"比正员三之一",而建议简省的中朝官,有的职任多至三分之二。(《新唐书》卷一三九《李泌传》)裁抑冗员,也是通常改良政治的重要措施之一。《新唐书》卷一二六《韩休传》说,户部侍郎韩休主管财政,曾经"罢省胥吏冗食二千人"。《新唐书》卷一六三《孔巢父传》记载,谏议大夫孔戣上书指出四种严重社会弊病,建议整改,其中第一条就是"多冗官"。他的意见受到唐宪宗的重视。宰相李吉甫也曾经痛感"吏员广",以为从汉代到隋代,"未有多于今者",上奏说:"方今置吏不精,流品庞杂,存无事之官,食至重之税。"建议合并一些州县,暂停岁时入仕,并且提出了"吏寡易求,官少易治"的见解。他的主张付诸实施,"凡省冗官八百员,吏千四百员"(《新唐书》卷一四六《李栖筠传》)。唐武宗会昌年间,曾经有诏减冗员,吏部郎中柳仲郢主持此事,"条理旬日,减一千二百员"。这次减裁"额外官员"的举措,据说得到当时社会舆论的赞许(《旧唐书》卷一六五《柳公绰传》)。据《新唐书》卷一八〇《李德裕传》记载,唐武宗时宰相李德裕曾经说:"省事不如省官,省官不如省吏,能简冗官,诚治本也。"认为"简冗官"可以从根本上疗治当时的政治弊病,并且建议罢郡县吏两千余员。

《宋史》卷一五八《选举志四·铨法上》记载,宋太祖开宝三年(970),认为"与其冗员重费,不若省官益奉",诏令州县官按照户口比例减其员,而保留的官吏每月增加俸给五千。宋真宗咸平年间,陈彭年上书建议从五个方面调整政策,缓解社会矛盾,指出"此五者,实经世之要道,致治之坦途也"。这有益于"经世""致治"的五项方针中,就包括"省冗员"。(《宋史》卷二八七《陈彭年传》)咸平四年(1001)六月,"减天下冗吏凡十九万五千余人"。第二年五月,又进一步"减河北冗官"(《宋史》卷六《真宗纪一》)。尽管屡有裁抑冗官的举措,官僚集团冗滥的现象却每每重新抬头。宋哲宗时,谏官苏辙又曾经严正指出,吏部员当时已经占用了四年之后的阙额,"官冗至此亦极矣"。(《宋史》卷一五八《选举志四·铨法上》)宋哲宗颁布诏书,也有"官冗之患,实极于今"(《宋史》卷一五九《选举志五·铨法下》)的感慨。

《明史》本纪记载,明代帝王曾经先后发起11次"汰冗官"的政治运动。嘉靖年间,"恩倖冗滥者,裁汰以数千计,宿蠹为清"。(《明史》卷七一《选举志三》)清代自顺治时期"谕汰府县冗员",令清理税务机关,"悉裁冗滥",到光绪年间明谕"汰除冗员",《清史稿》本纪也都有记录。

不过,在中国帝制时代,执政阶层对于冗官的危害缺乏真正深刻的认识。元世祖曾"汰内外官府之冗滥者"。至元三十年(1293),"(春正月)丙寅,太阴犯毕。命中书汰冗员,凡省内外官府二百五十五所,总六百六十九员"。(《元史》卷一七《世祖纪十四》)促使皇帝决心裁汰冗员的直接原因,竟然是天象的变化。"汰冗官"政策的推行因此往往不能十分彻底,《宋史》卷四一五《黄畴若传》中可以看到这样的政令:"考官吏冗员,非敕命差注者悉罢之。"那么,如果是"敕命差注者"呢?《元史》卷二三《武宗纪二》记载,中书省臣建议:"中书为百司之首,宜先汰冗员。"元武宗则说:"百司所汰,卿等定议;省臣去留,朕自思之。"就是说,普通官吏的汰除,相对易于执行,而高级官僚的去留,则要由皇帝亲自决策,看来是不大容易下决心的。

官僚制度作为政治体制的主体构架,是专制主义王朝得以存在和维持的主要支撑。于是往往有"虽知冗滥,力不能裁节之"(《宋史》卷三七四《李迨传》)的情形。以宋代政治史为例,所谓"省冗官""去冗官""革冗员""汰冗员""减冗吏""并冗吏"的呼声此起彼伏,却不能从根本上解决"官职冗滥"的问题。元帝国的历史相对短暂,从《元史》本纪的记载看,自元世祖至元十五年(1278)起至元朝末代皇帝元顺帝至正十七年(1357),80年间,有关减冗官、汰冗官、罢冗官的举措凡43起。几乎每一代帝王都曾经宣布裁汰冗官冗员的指令。其中元世祖时代17年内计19起,但是其中有重复裁撤的情形。可知这种清理精简政府机构的政策有时并不能够真正推行,即使推行,也往往并不能够真正落实。据《元史》卷二三《武宗纪二》记载,元武宗曾经颁布诏书,说道:"去岁中书省奏,诸司官员遵大德十年定制,滥者汰之。今闻员冗如故,有不以闻而径之任者,有旨不奏而擅令之任及之任者,并逮捕之,朕不轻释。"皇帝发现"滥者汰之"之后,依然"员冗如故",于是大为震怒。然而在所谓"朕不轻释"的强硬之辞背后,又透露出内心真正的无奈。这种裁汰冗官运动的失败,在中国专制时代是经常的。我们回顾历史可以发现,正是帝制政权的性质决定了其自我调节的机能逐渐退化。

因为官吏久已成为有重要影响的社会阶层,在"官职冗滥"严重的时代,其势力更为惊人。于是革裁冗官的改革常常会遭遇十分顽强的抗拒。就连王安石变法这样的改革运动也避开冗官问题,这是发人深思的。据《涑水旧闻》卷九记载,宋仁宗景祐三年(1036)诏令御史中丞杜衍裁汰三司冗吏,有吏员五百余人到宰相府第请愿,聚众喧哗,又到杜衍住所"诟詈,乱掷瓦砾",虽然事后首要人物受到处置,这次裁员的计划却也因此而夭折。

在黑暗政治的作用下,历史上甚至还有因"裁员"而导致能员被裁免,使得行政机构的效率和机能反而恶化的情形。正如鲁迅在1923年12月10日致许寿裳的信中所说:"此次教部裁员,他司不知,若在社会司,则办事员之凡日日真来办事者皆去矣,留者之徒,弟仅于发薪时或偶见其面,而平时则杳然,如此,则天下事可知也。"①

在历史迈入近代,中国政治生活的现代化起步之际,有

---

① 《鲁迅全集》,人民文学出版社,1981年,第11卷第419页。

的思想家已经敏锐地发现了在政治结构中肃清"官职冗滥"现象的改革，是社会进步的必然。梁启超在《二十世纪之巨灵托辣斯》中还曾经写道："托辣斯能淘汰冗员节减薪费也。"预计经济形式有可能会影响政治形式的见解，也可以说是一种具有新的时代气息的卓识。

官制与官治

中国古代官制与政治史演进同步,体现出历史变化。选官制度和监察制度的逐步完善,显现了中国古代执政者的明智。而政治制度因相关调整走向复杂化,也有诸多历史教训。察举制和科举制的出现及全面推行,都曾经体现出历史合理性,某些方面的积极元素,也长期发生作用。而"士大夫无耻",也可以追寻制度方面的恶劣影响。

"官箴"作为特殊的文字形式,在某种意义上起到了"所以攻疾防患,喻针石也"的作用。关于自我警示、自我克制、自我约束的要求和实践,也许是中国古代政治文化中表现出闪光点的有正面价值的构成。

思想家的智慧投射到官场,有时会提出明智的警告和建议。如顾炎武所谓"官多则乱""大官多者,其世衰""省官之故,缘于少事"等意见,今天仍然具有启示意义。

察举制的意义

汉初,逐步建立和健全了一系列选官制度和监察制度。在汉武帝时代,有关制度又得以进一步完善。中国古代王朝在开国初年,最高执政集团多由创业功臣构成,有的学者称之为"功臣政治"。随后往往有功臣子弟集中从政并占据高位的情形,这就是所谓"功臣子政治"。此后才能够逐渐实现贤臣执政的所谓"贤臣政治"。汉武帝时代,大体完成了由"功臣政治"向"贤臣政治"的转变。这一带有规律性的历史进程,在西汉时期有比较典型的表现。

汉武帝开创了献策上书为郎的选官途径,在一定限度内欢迎批评政治的意见。一时四方人士上书言得失者多达千人,其中有些因此而取得了相当高的职位。高寝郎田千秋就是因为上书言事称旨,很快被任命为大鸿胪,不过数月又超迁为丞相的。

中国古代选官制度的演进大体可以表现出"世官制""察举制""科举制"三个阶段。汉文帝时，已经有"贤良""孝廉"之选，指令中央官吏和地方官吏得从下级属吏、民间地主和部分自耕农人中选拔从政人员。名臣晁错就是曾经以"贤良文学"之选，又经帝王亲自策试，得以升迁为中大夫的。不过，当时既没有规定选举的确定期限，也没有规定各地方选举的人数。也就是说，这种选举形式尚没有成为完备的制度。汉武帝在即位之初的第一年，就诏令中央和地方的主要行政长官"举贤良方正直言极谏之士"。六年之后，又下诏策试贤良。特别是在这一年，明确规定了郡国必须选举的人数。(《汉书》卷六《武帝纪》)

正是在汉武帝时代，察举制得以基本成为正统的政制。察举制的确立，在中国选官制度史上有特殊的意义。察举制的施行改变了世官制的传统，这一历史进步的意义十分重大。劳榦因此指出，汉武帝"初令郡国举孝廉各一人"的元光元年(前134)，是"中国学术史和中国政治史的最可纪念的一年"①。

---

① 劳榦:《汉代察举制度考》,《"中央研究院"历史语言研究所集刊》第17本，1948年。

科举制与中国士大夫

据《唐摭言》卷一五《杂记》记载,唐太宗来到端门,看到新科进士于榜下鱼贯而出,曾经高兴地说:"天下英雄入吾彀中矣!"科举制作为具有鲜明中国特色的选官方式,其实是将"天下英雄"诱入最高权力者能够控制的范围之中的制度。后人所谓"正想豪英入彀中"([宋]邹浩:《次韵和李学文所示二篇》,《道乡集》卷一三),"广求天下之英,皆与彀中之选"([宋]苏颂:《贺新恩前辈》,《苏魏公文集》卷五〇),"网罗英贤,悉入彀中"([清]喻昌:《尚说篇》)等,说的也是同样的情形。

自科举制度形成、健全之后,中国专制主义政治体制确实得以空前稳固。知识分子以仕途为唯一理想归宿,以所谓"治国平天下"为唯一志向,致使整个知识阶层成为官僚队伍的后备力量。人人汲汲于功名利禄,使得专力从事科学技术研究的知识分子寥若晨星。中国古代士人价值取向和社会人才流向的这一特征,也是导致中国古代政治制度的严谨完备以及科学相对落后的主要原因之一。科举以及与科举相关的制度,影响着中国传统政治文化的基本风貌。而科举制度导致士人知识结构的狭隘,也是显著的事实。在科举制的历史文化弊端的另一面,我们看到,这种制度的作用,也促成了普遍持久的读书风尚,有益于社会重学风气的形成。而考试本身作为选官方式,在一定意义上也体现出官员遴选追求公平公正的出发点。

王炳照、徐勇主编《中国科举制度研究》(河北人民出版社2002年），是一部比较全面地总结和分析中国古代科举制度的学术专著。作者记述了科举制由察举制发展而来的历史轨迹，分析了科举制度演变的外部条件与内部机制，对于科举制与专制主义政治、专制主义文化的关系，也分别从不同侧面进行了考察，就不同时段进行了讨论，直到近世"改科举、废科举和兴学堂"的历史进步，也有详尽的说明，勾画了科举制度史的大致脉络和基本轮廓。对于科举制度本身的规范化与程式化，作者从科目设置的规范化、考试范围的规范化、考试内容的规范化、考试方式的规范化与标准化、科举考试组织的规范化、考试周期与考试时间的规范，以及考试机构的衍变与规范、科场规范、高度程式化的范本——八股文和试帖诗等方面分别进行了深入的说明。作者还论述了科举制度与官学教育以及私学教育的关系。

《科举制度与社会风气》一章，是书中考察比较深入、分析比较透彻的部分。作者论述了科举制下诸多社会文化现象的变化，如科举制下士庶关系的演变、等级特权意识的普遍化，以及科举制下的婚姻家庭关系、读书风气、学风和文风等，往往多有新见发表。

作者引录文天祥在试卷中对当时读书唯以求利的世风的批评，以为科举制度以功名利禄奖劝读书，导致了士风的堕落。试官王应麟上奏说："是卷古谊若龟鉴，忠肝如铁石，臣敢为得人贺！"针对学界风气的败坏，王应麟感叹道：当今大患之一，就是"士大夫无耻"。正如顾炎武所说："凡今之所以为学者，为利而已，科举是也！"(《与潘次耕札》，《顾亭林诗文集·亭林余集》)作者还分析道："由于读书者甚多，而经由科举入仕者甚少，就造成士群中穷与通两极并存，也造成社会上读书做官与读书无用两极并存。而无论在哪一极，都不存在士人的健全精神，也不存在文化的健康发展。"由此导致了士风的"浮薄",士气的"僵死",士心的"麻木",士节的"沦丧"。大历十一年试《花发上林苑诗》,周渭诗结句"一枝如可冀,不负折芳心",独孤绶诗结句"愿君垂采摘,不使落风尘"(徐松:《登科记考》卷一〇),都透露出"乞求及第"的"卑屈之心态"。作者还引用了龚自珍《乙丙之际著议第九》中的一段话,写道:"专制制度加科举制度,戕害了士心,也戕害了人心。这是用功名富贵的软刀子,杀死一个民族的精神。忧愤心、思虑心、作为心、廉耻心,都不复存在。人心已经麻木,伪饰之风大盛,虽是衰敝已极之世,却类似'治世'。虽渐就于灭亡,却不思奋起。'哀莫大于心死',说的正是这种情形。"

其实,"英雄"一入"彀中",即陷于极沉重的奴性心境中,不仅只能帖帖听命,还往往面临着政治绞肉机的杀身危难。古人诗句所谓"误逐时英入彀中,拙艰为吏悄无惊"([宋]胡宿:《仲夏有感》,《文恭集》卷三),"万人死地当虎口,一旦生涯悬彀中"([唐]僧皎然:《武源行赠邱卿岑》,《杼山集》卷七),"三窟虚营狡狯名,彀中日月自多惊"([元]同恕:《题雪迳惊风图》,《矩庵集》卷七)等,都反映了这种情形。凡此种种,也是我们读《中国科举制度研究》能够体味得到的。

当然,因科举求仕主要是求"利",但是也有期望施展政治抱负的情形。如曹之谦《上韩应州》诗所谓:"天挺英雄入彀中,堂堂自有古人风。乘机力赞兴龙业,唾手能收汗马功。"(《河汾诸老诗集》卷八)元好问《送德温同舍赴帘试》诗中所说到的,虽然也是求"利",其情形却似乎是可以谅解的:"筋疲力竭仅乃得,墨水一升凡几辱。英雄俯首入彀中,举世悉然非子独。子家口众亲又老,岁月旨甘须寸禄。"(《中州集》卷一〇)

王霸之道

古代"官箴"

中国古代有一种值得重视的政治文化现象,就是执政集团的成员有时比较注重自身道德行为方面的自我规范和自我约束,有时也能够在一定的限度之内欢迎下级以至民间的监督与批评。通过这种形式,调整阶级关系,提高行政效能,改善政治环境,使社会得以安定,政权得以巩固。"官箴"的出现及其影响,就是表现之一。

1975年12月,考古工作者在湖北云梦睡虎地发掘了12座战国末年至秦代的墓葬。其中11号墓出土大量秦代竹简,总数多达1155支(另有残片80片),以内容之丰富,能够补充和更新人们以往对战国史和秦史的认识,一时使考古学界和历史学界为之震惊。睡虎地秦简的内容计有10种,其中有被整理者命名为"为吏之道"的一种,值得关心中国传统政治文化的人们重视。

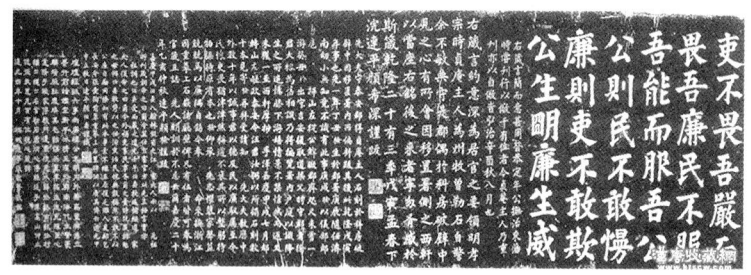

郭允礼"官箴"刻石

这一文书开篇第一句话是:"凡为吏之道,必精絜(洁)

正直,慎谨坚固,审悉毋私,微密纤察,安静毋苛,审当赏罚。"说做官吏的人,应当清白正直,谨慎坚强,公正无私,细致明察,稳重宽仁,赏罚得当。后面的内容,也是关于官吏道德修养的一些标准和执法行政的一些规则。人们很容易就会发现,这篇《为吏之道》,性质与后来所谓"官箴"是大体一致的。可以说,这是经科学发掘所获出土文书中唯一的一篇"官箴",也是我们迄今所看到的可以判定准确年代的最早的一篇"官箴"。

"箴",原本是针灸治病所用的针形医疗器具。"官箴",从文意来说,是对官员的劝诫,正如《文心雕龙·铭箴》所说:"'箴'者,所以攻疾防患,喻针石也。""官箴"作为一种文体,内容一般是做官的戒规,也就是从政人员的道德基准和行为规则。

历史文献中所遗存的"官箴",年代较早的有《吕氏春秋》一书中《应同》篇所引《商箴》,《谨听》篇所引《周箴》,以及《国语·周语上》中所记录的《虞人之箴》等。这些文字,明显仿照很可能是先秦"官箴"片段遗文的《虞人之箴》而作。

然而更为著名的"官箴",是扬雄的作品。这位西汉时代的大文学家写了《十二州箴》,如《冀州牧箴》《兖州牧箴》《徐州牧箴》等,分述各州人文地理背景,从总结历史教训的角度,对地方行政长官——提出格言式的警示。扬雄又针对中央政府中的若干主要官职,作21篇"官箴",如《司空箴》《尚书箴》《大司农箴》《侍中箴》等,其中有些文句,后来已经缺佚。

东汉和帝时的著名文士崔骃,是继扬雄之后的又一位著名的"官箴"作家。保留到现今的若干篇崔骃所作"官箴",有些文献以为是扬雄所作。崔骃的儿子崔瑗所作"官箴",有人辑出10篇,其中也有的与扬雄、崔骃存在署名权争议。这或许可以说明这几位政论家在这一领域中的地位大体相当。崔瑗的《郡太守箴》，有人认为是汉安帝时在皇家文史中心"东观"任职的刘騊駼所作。他的《侍中箴》，又有人以为作者是汉顺帝时担任高级官僚的胡广。一些"官箴"的作者难以确定，可能与这种文体属于公共文件的性质有关。

汉代的"官箴"开一代风气，使这种可以说是微型政论文的文体得以广泛流传。然而从其行文特点看，往往针对具体官职，风格华丽铺张，与后世"官箴"是有所不同的。

《四库全书》中，"官箴"被列入史部职官类，计有六部十七卷：不著撰人名氏《州县提纲》四卷，宋吕本中撰《官箴》一卷，宋许月卿撰《百官箴》六卷，宋胡太初撰《画帘绪论》一卷，元张养浩《三事忠告》四卷，清顺治帝《御制人臣儆心录》一卷。被列入《四库全书》史部存目的"职官类《官箴》之属"中，又有八部一百零七卷：元张养浩《牧民忠告》一卷，明宣德帝《御制官箴》一卷，明祁承㸁撰《牧津》四十四卷，明吕坤撰《明职》一卷，明鲁论撰《仕学全书》三十五卷，清郑端撰《政学录》五卷，清孙鋐撰《为政第一编》八卷，清牛天宿《百僚金鉴》十二卷。《四库全书》存目中说到的这八种"官箴"，多是明清时代的作品。好在《四库全书存目丛书》已经陆续出版，除元张养浩《牧民忠告》一卷已见于《三事忠告》之外，其余七种编入"职官类"，都已面世，列为第二百六十一册和第二百六十二册，有兴趣的读者查阅起来已经比较方便。

"官箴"的内容，大多不外对忠信守正、廉洁勤事、惠爱化导一类政治道德原则的宣传和维护。

吕本中《官箴》强调"清、慎、勤"三字。清乾隆帝曾经手书这三个字刻石宣传，并赐内外诸臣，训示百官。梁启超《新民说·论公德》也说："近世《官箴》，最脍炙人口者三字，曰清、慎、勤。"清正、谨慎、勤勉，应当是中国古代"官箴"的主体思想。

古时为官忠于职守者被看作"不辱《官箴》",为官不能称职的被看作"有玷《官箴》"。明人沈鲸《双珠记·弃官寻父》中有"事亲肯被《官箴》缚"的文句。太平天国《醒世文》也说:"为官头顶守《官箴》,秉公正直奉法行。"强调做官最重要的是遵守"官箴"的道德规范。看来,"官箴"不仅曾经对执政官员发生过一定的约束作用,也是民间社会普遍熟知的道德信条。

历代"官箴"作为中国传统政治文化的重要遗存之一,有值得后人珍视的价值。作为官员的道德行为戒条,其内容不仅表达了帝王的政治要求,其实在某种意义上也包含着民众的政治期望,同时还体现了官僚的某种自律意识。我们通过对这种古代典籍的分析,可以增进对历史文化的全面认识,结合现今,也可以得到若干有益的历史启示。

古代以"箴"命题的文字,还有汉代崔琦的《外戚箴》、傅干的《皇后箴》等。这些虽然严格说来不能算是"官箴",但是也都和政治生活有关。前者所谓"履道者固,仗势者危",后者所谓"祸不出所憎,常出所爱"等,都是由历史感想而发,又富有文化的哲理,读来也令人回味再三。

西汉宣帝时,有这样的故事,太傅疏广和他的侄子少傅疏受称病辞职还乡,每天令家人卖掉皇帝和太子所赐财物宴请族人故旧。有人劝疏广用这些财物为子孙留置一些产业,疏广回答说,我难道是老糊涂,竟没有考虑到自己的子孙吗?我想,家中自有旧田庐,令子孙勤力其中,足得温饱,可以与一般人相同。如果再增益之以为赢余,只会使他们怠惰。《汉书》卷七一《疏广传》中有云:"贤而多财,则损其志;愚而多财,则益其过。"就是说,贤者如果多财,则会损害他们的心志;愚人如果多财,则会增益他们的过错。这些财物,是圣主所以惠养老臣者，所以我情愿与乡党宗族共飨其赐。

东汉安帝时，著名学者杨震曾经担任荆州刺史，后来又任东莱太守。前往就职时，以往曾所荐举的荆州茂才王密为昌邑令，夜晚来看望他，随身带来"金十斤"送给杨震。杨震说，我是自以为了解你的，你却竟然如此不了解我，为什么要这样做呢？王密说，现在夜深人静，没有人会知道这件事。杨震严肃地说：天知，地知，我知，你知，怎么能够说没有人知道呢！王密羞愧退出。杨震后来又任涿郡太守，始终廉洁清正，"子孙常蔬食步行"，食不鱼肉，行不车骑。他的朋友劝他为子孙置产业，杨震不肯，回答说，让他们被后世人称为清白之吏的子孙，这难道不是最丰厚的遗产吗？（《后汉书》卷五四《杨震传》）

唐宪宗时，李绛任户部侍郎。以往户部侍郎都以赋税盈余的名义向皇帝进上款物，当时称作"羡余"或者"羡赢"，而李绛却偏偏独不进献。唐宪宗问道：从来的惯例，户部侍郎皆进羡余，卿独无进，是何原因呢？李绛回答说，地方官厚敛于民众以求进献，天下怨声载道。何况户部所管理的都是陛下府库之物，出入都有名目，哪里来的"羡余"呢！若以为献，是把国家东库里的财物搬到西库，用国家的财物来换取私恩，我是不敢追随这种不廉正的风气的。（《新唐书》卷一五二《李绛传》）

以上三个故事，又分别见于《资治通鉴》卷二五"汉宣帝元康三年"，卷四九"汉安帝永初四年"，卷二三八"唐宪宗元和六年"。司马光在《资治通鉴》中采录这些史事，寓意其实是非常深刻的。这几个从经济生活方面反映专制时代官员自觉重视自我道德约束的历史故事，被看作一种个人修养的典范。

中国传统的政治结构是通过一级级的官僚由上而下实

行严密的管理的。最高统治者一般都希望吏治清明,以维护正常的政治秩序,保证国家机器的顺利运转;然而他们又面临与各级官吏均分实际利益的问题。使各级官吏都得到相应的实利以维持其工作热情,又不使其超过一定的合理度以危害整个国家政权的利益,是一件相当困难的事。于是,在中国传统政治体系中,官吏的道德行为的自律受到提倡。

儒学重视"克己"的功夫。中国传统政治生活中以儒学为基点的政治道德的修养,也有以自我约束为主的倾向。这种讲究自抑自责的所谓"自牧"(《易·谦》)、"自讼"(《论语·公冶长》)、"自约"(《国语·吴语》)、"自镇"(《楚辞·九章·抽思》)、"自戒"(《荀子·成相》)、"自刻"(《韩非子·安危》)、"自治"(《淮南子·诠言》)、"自劾"(《汉书》卷八六《王嘉传》)、"自屈"(《汉书》卷九九上《王莽传上》)、"自勅"(《后汉书》卷三〇下《郎颢传》)、"自咎"(《颜氏家训·终制》)、"自绳"([唐]韩愈:《寄卢仝》,《五百家注昌黎文集》卷五)、"自克"([宋]吕本中:《官箴》)等自我警戒、自我克制的意识,都表明了这一倾向。

无疑,这一现象中多少存在虚饰的成分,但是这种道德要求却是具有合理性的,这种道德实践也是符合民众的政治期望的。特别是对于大多数官员来说,这种道德倾向毕竟至少可以部分抑制其贪残的心理,从而有益于政治的清明。

对于调整执政集团内部上下级的关系,调整官民关系,从而提高行政效能来说,鼓励和提倡官员的自责自约也是有意义的,因为唐代名相张九龄所谓"不能自律,何以正人?"(《贬韩朝宗洪州刺史制》,《曲江集》卷七)的道理,大家都是明白的。

"官箴",是中国古代官员自律的一种道德标尺。

有的"官箴"的主题,似乎确实只是作者个人的自警。例如，清代任云南易门（今云南易门）知县的奉天（今辽宁沈阳）人王希圣，曾经作《县署克偏箴》。这篇"官箴"的内容，主要强调克服各种道德品行的偏失。其中写道："性有所偏，急须克治。克治之目有十焉：弛缓克之以敏；急躁克之以宽；烦苛克之以静；骄矜克之以温；多言克之以默；好货克之以廉；轻佻克之以庄；乖戾克之以慎；遗失克之以勤；不可自恕，不可苟安。庶几古人弦韦之义。书以自勖，非敢警世云。"（道光《续修易门县志》卷一三）作者对弛缓、急躁、烦苛、骄矜、多言、好货、轻佻、乖戾、遗失、自恕以及苟安，分别提出了"克治"的方法。他自己认为这篇文字的意义，应大致近似于"古人弦韦之义"。《韩非子·观行》曾经写道，西门豹的性情急躁，于是身佩品质柔韧的皮革，以警示自己应当务求"缓和"；董安于的性情迟缓，于是身佩能够速发快箭的弓弦，以警示自己应当务求"急切"。所谓"弦韦"，于是被借指用以自我警勉的事物。《贞观政要·论君道》记载，贞观十一年（637），魏徵上疏谈兴亡之道，希望唐太宗记取历代王朝败亡的教训，"居安思危，戒奢以俭"，警惕任何危害政治安定的"功成而德衰"的倾向，使唐太宗内心有所震动。唐太宗说："公之所陈，朕闻过矣。当置之几案，事等弦韦。"就是说，魏徵的话，使他看到了自己的过失，他把魏徵的谏言看作"弦韦"，愿意放置在几案之上，经常自警。

中国古代的"官箴"，是形式多样的文体，但是其内容大体都是强调官员应当自我约束其道德行为的规劝告诫。这些劝戒强化自我修养的箴言，透露出专制时代官员们的自律意识，探讨这种意识得以生成和继承、传播的原因，是一件有意义的事。

顾炎武的治官定律

治官，就是管理百官。春秋时期齐国的大政治家管仲说：管理官吏，教化民众，关键在于君主。这就是所谓"治官化民，其要在上"。（《管子·君臣上》）这句话首先也说明了管理官吏和教化民众，是高层执政者的基本职责。西汉一位有声望的政治文化学者刘向也曾经指出帝王成功之道在于"设四佐以自辅，有英俊以治官"。（《说苑·君道》）"治官"是最高执政者的责任，也是能否取得政治成就的主要条件。

明清之际的大思想家顾炎武，本人没有什么做官的经历，但是凭着对政治史的熟悉，凭着对历代官制带有规律性的现象的深刻思考，也曾经对于"治官"提出了非常高明的认识。

历代政治危机形成的原因，大都包括官吏人数过多的问题。冗官，造成民众过于沉重的负担，也导致行政运行效率的降低，往往也成为危害社会安定的隐患。唐代名臣刘晏曾经指出"官多则民扰"（《资治通鉴》卷二二六"唐德宗建中元年"）的规律。元成宗时代，大臣郑介夫上奏，也说过"官多

清叶衍兰绘顾炎武像

则民扰"([明]杨士奇《历代名臣奏议》卷六七《治道》)这样的话。明代山东一位地方官杨茂仁在向皇帝提建议的时候,也强调"官多则民扰"(《明史纪事本末》卷三四)的事实。清代学者胡文学在《甬上耆旧诗》卷一二中也说到这件事,故事的主人公名叫杨茂元,字志仁。清代又有一位陆陇其,在他的《三鱼堂文集》外集卷四中,也重复过"官多则民扰"的说法。

明代有一位陆粲,曾作《担夫谣》,描写驿传兵卒服务于往来官员,不堪劳苦的情形:"归来息足未下坡,邮亭又报官员过。朝亦官员过,暮亦官员过。贵州都来手掌地,焉用官员如许多!"(《陆子余集》卷八)陆粲是嘉靖进士,由翰林改授负责稽察六部弊误,甚至对于皇帝制敕之违失有驳正之权的工科给事中。后来因上书论时政,下诏狱廷杖,又因疏劾权臣被贬谪,任贵州都匀驿丞,因此对社会下层驿卒的生活有真切的了解。所谓"焉用官员如许多",透露出民众对官吏过于冗多的怨愤。

宋代学者黄震对于这种政治史上常见的现象,却用另一种形式揭示。他说:"官多则吏多,吏多则民扰。"(《黄氏日抄》卷七一)宋太宗时代,监察御史王齐上疏,曾经有这样一段话,也涉及冗官扰民的情形:"官多则事繁,吏多则民残。欲事不繁,莫若省官。欲民皆安,莫若省吏。天下所以未极清净者,由官吏多之故也。"(《续资治通鉴长编》卷四二"宋太宗至道三年")他说,官多,则行政的事务繁多;吏多,则百姓受压迫惨重。要想避免政事的烦杂,最好就是裁减官员;要想减轻百姓的负担,最好就是裁减吏员。现在天下所以不能真正实现安定清平,就是官吏过多的缘故。

宋太祖有一句名言,也可以体现古代帝王比较清醒的政治见解:"吏员猥多,难以求其治。"(《续资治通鉴长编》卷一一《宋太祖开宝三年》)他认识到,冗官对于政治管理有明显的负面影响。

顾炎武综合历史上诸多开明人士的意见,提出了一条重要的治官定律。他说:"官多则乱,将多则败。"(《日知录》卷五)

我们可以把这一见解看作顾炎武治官第一定律:官多则乱。

顾炎武在《医师》这一条写道:古代的庸医杀人,现在的庸医不杀人,但是也不活人,使他在不死不活之间,病情越来越重,最后终于死掉。今天的医师不能察知病源,于是只好多用药,好比打猎,不知道兔子在哪儿,"多发人马,空地遮围,冀有一人获之,术亦疏矣!"《后汉书》说,神医华佗精于方药,所用的药不过数种而已。所以说,"官多则乱,将多则败,天下之事亦犹此矣。"官僚多了会造成混乱,将军多了会导致战败,天下的事其实都是这个道理。

我们又注意到顾炎武治官第二定律:大官多者其世衰。

在《日知录》卷八"乡亭之职"这个题目下,顾炎武写道,古来政治成功者,都重视基层管理。"天下之治,始于里胥,终于天子,其灼然者矣。故自古及今,小官多者,其世盛;大官多者,其世衰。兴亡之途,罔不由此。"他说,天下之治,基点在于基层行政制度的健全,这是很明白的。从古到今,小官多的时代,都是盛世;大官多的时代,都是衰世。走向兴盛,还是走向衰亡,这儿就是指示方向的路标啊。他认为,古今所以兴衰的部分原因,由政治管理的这一特点可以得到认识和理解。

顾炎武说"小官多者,其世盛",认为官吏中做实事的人多,实际负责的人多,熟知民间疾苦的人多,是有利于提高行政效能的。

他说"大官多者,其世衰",是强调官吏中空受俸禄不做实事的人多,指手划脚不真正负责的人多,贪图享乐不顾百姓死活的人多,这样的政治局面,会导致衰亡。

他还提出了从另一思路进行考虑得到的认识。这就是顾炎武治官第三定律:"省事"更重于"职官多寡"。

《日知录》卷八有"省官"一条。顾炎武写道:刘秀实现了光武中兴,然而海内人口算一算,只有原先的百分之二三十。国防设施严重破坏,边地郡县空设太守、县令县长,他们只能用心招还流民。刘秀笑着说:现在边地根本没有多少户口,设置行政长官进行管理,好比《春秋》"素王"一样。汉代学者王充在《论衡·定贤》中写道:"孔子不王,素王之业在《春秋》。"于是省并地方行政单位以及官僚职务岗位的设置,史书有不少记载。刘秀提出的原则是:"兵革即息,天下少事,文书调役,务从简寡,至乃十存一焉。"(《后汉书》卷一下《光武帝纪下》)说战争已经结束,应当减轻社会的负担,公文往来,劳役征发,都应当减省,最好保留原先的十分之一就可以了。顾炎武于是说,"以此知省官之故,缘于少事。"由此看来,正因为要"少事",所以才做到了"省官"。他接着说,现在公文铺天盖地,官司泛滥成灾,主政的人因事情琐碎杂乱难以胜任。这种情形走到极点,又不得不增加官吏,于是难以实现效能的提高和政治的安定。

顾炎武又引录了晋代名臣荀勖的说法。荀勖以为:"省官不如省事,省事不如清心。昔萧曹相汉,载其清静,民以宁一,所谓清心也。抑浮说,简文案,略细苛,宥小失,有好变常以徼利者,必行其诛,所谓省事也。"(《晋书》卷三九《荀勖传》)他说,精简官员不如精简事务,精简事务不如保持心境的清静。萧何和曹参作丞相时,就保持了心境的清静,使百姓也得到休养生息。而抑制空谈,减省公文政令,不深究细小的过失,有喜欢别出心裁节外生枝以谋求私利的,严厉治罪,这就是"省事"。顾炎武说:"此探本之言。为治者识此,可无纷纷于职官多寡之间矣。"他同意荀勖的见解,赞赏道:这真是抓住了根本的见识啊。管理国家的人理解了这一点,就不必总是纠缠于职官究竟是应当多还是应当少,争论来争论去了。

这里所说的"省事",其实和汉初推行的政治原则"无为而治"相当接近。汉文帝和汉景帝就是坚持这样的原则,成就了"文景之治"的盛世的。"无为而治",就是"省事",就是在政治上少有急切的举措,避免苛烦扰民,否定过激和冒进,使社会生活在自然的状况下得以安定。"无为而治"是达到了相当高的境界的政治理念。我们赞同顾炎武的话,"为治者识此,可无纷纷于职官多寡之间矣"。就是说,如果能够真正实践"无为而治",做到"省事",那么,"省官"问题其实也就迎刃而解了。

历代王朝的政治危局与战略对策

政治史的发展总是呈波浪状形态演进的。对于一个政权来说,其历程多有顺利与艰难、成功与挫败的转换。回顾历史,几乎每个王朝都经历过政治危局,当时的执政集团面对这种政治危局有不同的战略对策,其中有的取得了成功,使政治形势转危为安;也有的归于失败,导致政权走向衰败和覆灭。

历朝政治危局的形式与导因

历代王朝的政治危局,是政治史中不宜忽视的历史现象。分析这种现象,从中得到带有规律性的认识,对于现代政治管理也是有益的。分析历朝政治危局发生的基本类型,有这样几种情形特别值得注意,即政争、外侵、天灾、民变。

1. 政争

历代王朝形成政治危局的政争,比较常见的有皇族成员争夺帝位,朝臣朋党相互倾轧,割据势力威胁中央,军阀集团发动政变等。

在专制时代,把握帝权即意味着占有一切,皇族集团中的成员夺取最高权力的斗争,往往异常残酷激烈。这种政治斗争对于政权是否稳固,国家是否安定,有极其显著的影响。对于这种斗争的过程,正史中的记录一般都站在正统的立场,将失败者的行为称作谋反、叛乱。当然,如果传统以为"僭逆"的事件取得成功,新的执政者也会巧妙地粉饰这种违反传统政治道德的行为,用心涂抹上合法的正统的色彩。比如唐太宗李世民发动"玄武门之变",明成祖朱棣发动"靖难之变"等都是实例。

执政阶层中不同集团的相互争斗,也往往造成严重的政治危害。东汉王朝专制主义政治体制的加强,使皇权进一步取得天下独尊的地位。然而,权力的高度集中,又往往导致在政治机制衰乱的时代,少数人可以挟主专权。东汉中晚期,皇权所倚恃的亲重,因觊觎最高权力,都力图挟持皇帝,控制朝政。自汉和帝时代起,两个权力集团为此相互激烈争斗,使东汉王朝的政治关系愈为复杂,东汉王朝的政治统治愈为昏暗。这两个权力集团,就是外戚集团和宦官集团。外戚集团和宦官集团轮番执政,相互间排斥异己,无所不用其极。外戚集团和宦官集团的阴谋争斗,使东汉政治史的画卷被涂染上昏暗的色调,当时的社会也因此遭受严重的灾祸。

地方割据势力侵害中央权力,甚至发动武装叛乱的情形,也屡屡导致严重的政治危机。西汉初年爆发的史称"吴楚七国之乱"的诸侯国联合叛乱,是对汉王朝的严峻的政治考验。西汉王朝凭借文景以来所创造的稳固的政治基底和雄厚的经济实力,方才平定了这一叛乱。

唐代中晚期的藩镇势力曾经割据地方,形成了对中央政权的严重威胁。唐玄宗李隆基统治后期,节度使安禄山和史思明发动叛乱。叛军攻陷洛阳,又破潼关,占据长安,逼迫唐玄宗仓皇逃往成都。"安史之乱"在安禄山起兵七年又两个月之后方告平定。而安史部将势力并未清除,藩镇割据局面自此形成,唐王朝的国力大为削弱,其全盛时代宣告结束。"安史之乱"是唐王朝由盛而衰的转折点。

军阀集团发动政变,是中国古代相当普遍的政权转移形式。晋武帝以对军权的全面控制夺取了曹魏天下。南朝宋、齐、梁、陈立国,也都是以军事势力逼前朝皇帝禅让,取得政权。可能正因为如此,南朝开国君主,除齐高帝萧道成外,都称"武帝"。军人政变取得天下的最典型的史例,是宋太祖赵匡胤"陈桥兵变"事件。

2. 外侵

许多时期,专制主义王朝所面临的主要政治危局,是因外敌入侵所导致的。比如,汉王朝曾经困于匈奴的侵扰。北宋王朝在辽、金、西夏军事威胁的压力下长期不能自振,最终在金军的进攻下覆灭。南宋王朝也为蒙古所灭。不过,纵观历史,因外敌入侵引起政治危局而导致灭亡的政权并不很多。1840年以后,清王朝所面临的外强威胁空前严重,这是当时世界形势的演变所决定的,与其他历史时期外侵导致政治危局的情形有所不同。

3. 天灾

对于以农耕为基本经济形式的社会来说,自然灾害是十分严重的威胁。专制王朝的经济基础主要在于农业。天灾造成的大面积农田歉收,不仅使政府断绝财政来源,因灾害导致的民众流移对于政局的稳定更造成严重的威胁。以西汉晚期为例,频繁而严重的自然灾害,是社会危机日益深刻的原因之一。而政府因本身腐败和社会结构严重失序在应对变乱时所表现的无能,也加剧了天灾造成的危害。东汉晚期,严重的自然灾害也曾经导致大批流民离开家园往异乡漂泊。

4. 民变

民众暴动,是政治危局中最为严重的形式。规模较大的民变,在执政集团行政调节能力低下的情况下,往往会导致政权的迅速崩溃。秦王朝统治时期,徭役的过度征发使民众不得不承受极其沉重的负担。这一现象的极端表现,是不同的社会层面都受到冲击,终于使《史记》卷八七《李斯列传》中所谓"人人自危,欲畔(叛)者众"的政治危机演进到无以挽回的严重地步。秦二世元年(前209)七月,陈胜、吴广发动大泽乡起义,举兵反抗秦的暴政,各地民众纷纷响应。几个月内,人众多至数千的反抗秦王朝的武装集团已经多不胜数。陈胜起义军虽然起事不久就归于失败,但是从根本上动摇了秦王朝的统治,号召和鼓舞了各地各阶层民众的反秦斗争,他所分立派遣的其他军事政治集团首领,曾经归附于他的侯王将相们最终埋葬了秦王朝。王莽改制,使原有的政治经济秩序受到破坏,然而又不能够建立起合理有效的新的体制。因为社会矛盾的普遍激化而引起的民众起义迅速蔓延扩展,震动全国,形成了导致新朝政权走向崩溃的社会洪流。在大规模民众起义的冲击下,新莽王朝灭亡。东汉末年,黄巾起义的爆发也对汉王朝的统治形成严重的威胁。后来历代王朝中,直接为民众暴动所推翻的,有隋王朝、元王朝、明王朝等。

上述历朝政治危局的基本类型,其实有时有相互交叉的表现。例如天灾和民变的合力,往往成为许多王朝覆灭的原因。而民变的爆发,有时又是以天灾作为直接起因的。外侵和天灾毕竟是外在因素的作用所导致,但是外侵和天灾的防御和救止，仍然必须以内在政治因素的健全有力为条件方能成功。如果对历史进行概括分析，可以说，执政者的政治失误常常是政治危局发生的主要原因。而对策的失当，则往往使形势愈益恶化，甚至最终导致政权的彻底瓦解和社会的严重灾难。

政治危局导致社会灾难

政治危局的出现,其实并不只是统治阶层的灾难。如果不能够控制和扭转,其破坏性甚至毁灭性的影响会迅速扫荡整个社会。

例如东汉后期,政治黑暗,权争激烈,当朝的决策集团和各级行政结构都陷于无可救药的腐败。豪强集团在社会生活的各个层面扩张势力,下层民众的苦难日益加重。天灾频仍,疾疫流行,赋役苛重,大批农民被迫流亡求生。流民暴动兴起于各地,规模越来越大,全国性的黄巾起义使东汉王朝的统治最终走向彻底的崩溃。在农民起义的冲击下,东汉王朝的执政者无力调整社会关系并解决社会危机,只是以缓和统治集团内部矛盾的方式,集中力量对抗反抗的民众,而因此兴起的军阀集团又成为中央政府不能控制的力量。东汉末年严重的天灾和动乱,导致了社会生产力的大幅度衰减。当时疾疫的大规模流行,也致使人口锐减。据《续汉书·五行志五》记载,汉桓帝至汉献帝时代发生的"大疫",73年间竟然多达9次。政治制度的弊病,使得当时的社会没有力量有效地抵御自然灾变,相反,却加剧了其危害。特别是军阀连年争战,给民众带来了更为深重的苦难。董卓军事集团发动的战乱使得关中残破,长安一度成为空城。历经百战的中原地区,情况也大致相同。军阀混战,往往使农耕区经历反复洗劫,千里尽为荒野。据说户口减耗的程度,至于十分之九,有的地方已经荒无人烟。曹操的《蒿里行》诗曾经这样描述当时中原地区百业残破、民生

维艰的情形:"铠甲生虮虱,万姓以死亡。白骨露于野,千里无鸡鸣。生民百遗一,念之断人肠!"(《宋书》卷二一《乐志三》)

危局对策成功:有效救治

面对政治危局,中国古代专制主义王朝的执政者们提出与执行的对策,有成功的,有失败的。对于成功的经验,可以从许多方面进行总结,其中有些能够给予我们较深刻的历史启示。

1. 对于政治前景的准确预见

充分预计政治危局的严重前景,是有远见的政治家的历史贡献。最高执政者如果重视这种预见,有可能抑制政治灾祸的影响。贾谊是西汉文帝时的政论家、思想家。他的政治思想在当时和后世都有重要的影响。我们总结贾谊的政治思想,不应忽视其中具有战略预见意义的内容。贾谊的政治建议有些当时就直接体现出战略指导的意义,有些则在后来的历史过程中发生了战略性的影响,即所谓"后皆遵之有效,一一如谊所言"。([宋]胡价:《〈贾子〉跋》)例如,汉初以来,中央政权与诸侯势力的矛盾,长期成为危害政治安定的严重隐患。诸侯王与朝廷分庭抗礼的倾向,有日益明显的趋势。面对当时的形势,贾谊建议及早采取有力措施抑制与朝廷离心的势力。他提出"众建诸侯而少其力"(《汉书》卷四八《贾谊传》)的办法,削弱其实力。后来"吴楚七国之乱"的发生,证实了贾谊的政治预见。而汉武帝时代"削藩"事业的成功,实际上也遵循了贾谊这一政治建议的战略指导。

2. 对于政治方针的及时调整

"巫蛊之祸"是发生于汉武帝统治晚期的一场激烈的政治风暴,都城长安在这次政治动乱中致死者之多,竟数以万计。其结果,导致了西汉中期汉帝国统治上层最严重的政治危局。事变之后,"巫蛊"冤情逐渐显现于世,汉武帝接受了臣下的劝谏,内心有所悔悟。他命令族灭江充家,并且肃清了江充的同党,一些当时因镇压太子军及追捕太子而立功受封的官员,也被一一处置。汉武帝又利用汉王朝西域远征军战事失利的时机,开始了基本政策的转变。他公开承认:"朕即位以来,所为狂悖,使天下愁苦,不可追悔。"又向臣民宣布,自今事有伤害百姓,糜费天下者,统统予以罢除!据《汉书》卷九六下《西域传下》记载,汉武帝又正式颁布了被誉为"仁圣之所悔"的轮台诏,深陈既往之悔,否定了部分朝臣主张将西域战争继续升级的计划,表示当今政事,最要紧的应当在于"禁苛暴,止擅赋,力本农",决意把行政重心转移到和平生产方面来。司马光在《资治通鉴》中分析"巫蛊之祸"及汉武帝挽回危局的措施时,曾经写道,汉武帝奢侈放纵,刑罚严酷,又频繁发动战争,使百姓不堪重负,以致奋起反抗。他的这些作为和秦始皇相差无几,然而为什么秦王朝因此而亡,汉王朝却在汉武帝之后实现了昭宣中兴呢?汉武帝能够"受忠直之言,恶人欺蔽","晚而改过,顾托得人",是主要原因之一。正是因为如此,他虽然犯有与亡秦同样的过失,却避免了亡秦覆灭的灾祸。(《资治通鉴》卷二二"汉武帝后元二年")

3. 对于政治结构的大胆改革

政治家最值得敬重的大智大勇,是能够抓住适当的历史时机对政治结构进行大胆的改革。这种改革往往是能够使政治局势转危为安的一剂良药。回顾中国改革史,应当注意到这样的事实,历史上的改革家们所注目的热点,常常集中在经济领域;他们所致力的事业,常常偏重于经济变革;他们所取得的成功,也常常体现为经济成就。这是因为:(1)政治体制的改革往往要触动更深层的社会根基,牵涉更宽泛的社会层面,迎击更顽固的社会阻力,因而要艰难得多;(2)政治体制改革的形式往往与人们一般理解的改革不同,这种改革常常并不以"变法""更法"的形式出现,而有时是通过改朝换代实现的,有时是以潜移默化的渐进形式实现的,人们通常并不以改革视之。另一种政治改革,是政治危局已经出现之后,较开明的政治家为了扭转颓势,挽救政局而发起的革新运动。在北宋王朝立国不久,政治弊病就相当突出,积贫积弱的局面逐渐显现出来。为了挽救政治危局,范仲淹主持了以整饬吏治为主要内容之一的改革,史称"庆历新政"。宋神宗时代积极推行新政的王安石,曾经被列宁称为"中国11世纪时的改革家"[①]。王安石变法持续十余年,虽然后来因守旧派的合力反扑最终归于失败,但新法的效应还是十分明显的。明代万历年间,针对宗室骄恣、庶政旷废、吏治因循、边备未修、财用大匮的形势,杰出的改革派政治家张居正曾经主持一系列的社会改革,整饬政务、刷新吏治、清理财政,巩固了中央集权,提高了行政效率,使一步步走向衰落的明王朝得以一度振兴,出现了短暂的相对清新的政治局面。

[①] 列宁:《修改工人政党的土地纲领》,《列宁全集》第10卷第152页注2。

危局对策失败:引致覆亡

导致失败的危局对策,多见史例。

1. 秦二世案例

秦始皇去世不久,秦王朝的统治阶层内部发生政治危机,日益激化的社会矛盾终于导致了规模空前的大动乱。秦二世没有能力稳定政局,其执政集团的核心又终于发生变乱,秦二世本人被赵高派人刺杀。秦王朝在人民反抗的浪潮中走向崩溃。

2. 王莽案例

西汉末年,土地问题成为严重的社会问题。王莽希望通过改革的方式调整阶级矛盾,解决社会问题,消除政治危难。但是他的改革措施大多因附会古法,反复无常而失败,王莽的新朝政权也短促而亡。

3. 隋炀帝案例

隋炀帝消除了皇族内部夺权的威胁,以发展科举制,下令貌阅、括户,使政治经济出现了新气象;又在西北用兵,疆土得以扩大,隋朝至于极盛。隋炀帝依恃国力富足,骄奢极欲,几乎年年都征发重役,又频繁远出巡游,劳扰地方民众,使人力财力无端浪费。隋炀帝又下诏讨伐高丽,一时"百姓苦役,天下思乱"(《隋书》卷七〇《杨玄感传》),杨玄感乘机起兵,隋炀帝被迫从辽东撤军。杨玄感败亡后,隋炀帝仍然不考虑消缓政治危局的有效策略，反而下令清查惩罚持不同政见的政治力量，又再次发动对高丽的战争。各地的民众起义于是全面爆发。隋王朝在各地起义民众和军阀力量的联合进攻下终于灭亡。

分析以上几例面对政治危局无力挽救，终于败亡的历史事实，如果不考虑政权的腐败和制度的黑暗等因素，只是总结当政者应变对策的作用，可以看到其共同的失误。一是较多地注意政界上层敌对力量可能的敌对行动，却对社会下层广大民众的政治情感和政治倾向的历史作用有所忽略；二是不愿意对自身的政治错误深刻反省，认真纠正，顽固坚持不合时宜的政策；三是总是以残酷的虐杀作为单一的镇压手段。这样的教训，尽管在历史上一再重复，却仍然没有能够引起大多专制王朝统治者们的真正重视。

古人的政治智慧

面对复杂的政治生态,许多清醒开明的人物表现出的政治智慧,也是中国传统政治文化的宝贵遗产。他们有的是成功的执政者;有的在参与行政的实践中贡献了自己的才智;有的虽然在政治漩涡之外保持着淡泊心境,却以旁观者清的视角透视权争,有独到的判断。平民的政治观察和政治批判,也往往表现出高明的识见。

范蠡之学

春秋战国之际,长江下游地方的吴国和越国相继强大,曾经发生激烈的军事竞争,并参与争夺中原的霸权。在吴王夫差和越王勾践活动的时代,吴越一时成为战争的焦点。范蠡作为越国重臣,曾经是"吴越春秋"政治表演的主角之一。在辅佐勾践成功地复国并战胜吴国之后,范蠡毅然离开政治漩涡,随后以商人身份取得经济成

国家博物馆藏明人绘范蠡像

就。范蠡以兵战和商战的兼胜,以及政治功名和经济利益的双赢,成为人生智慧的标范。

司马迁将范蠡在越地、齐地、陶地生活空间的转换,称作"三徙""三迁"。《史记》卷四一《越王勾践世家》写道:"范蠡三徙,成名于天下。""范蠡三迁皆有荣名,名垂后世。"其实,可以说范蠡在这样三个阶段的明智思考与合理抉择成就了"陶朱事业":(1)救国灭吴,施展了军政谋略;(2)去越辞官,显示了人生智慧;(3)治产致富,体现了经营才华。

《国语·越语下》记录的几乎都是与范蠡事迹有关的历史。八件史事中,七件都因范蠡叙说。《国语·越语下》简直可以看作一部《范蠡传》,或者《范蠡图吴伐吴灭吴本事》。范蠡"不报于王,击鼓兴师……至于姑苏之宫,遂灭吴"的果断举动,表现出一个干练的军事指挥家的素养。《国语·吴语》记载公元前482年事,吴王夫差北上与晋定公会于黄池,范蠡"率师沿海溯淮以绝吴路",也说范蠡是曾经独当一面的统帅。《史记》卷四一《越王勾践世家》记述:范蠡辅佐勾践艰苦复国,终于"灭吴,报会稽之耻",又"北渡兵于淮以临齐、晋,号令中国,以尊周室,勾践以霸,而范蠡称上将军"。《史记·淮阴侯列传》可见"范蠡存亡越,霸勾践,立功成名"的历史评价,也指出了范蠡对于越国救亡复兴图霸的重要作用。《后汉书》卷七四上《袁绍传》于是可以看到"勾践非范蠡无以存国"的说法。

宋人吕祖谦《大事记解题》卷一指出:"《越语下》篇所载范蠡之词,多与《管子·势》篇相出入,辞气奇峻,不类春秋时语。意者战国之初为管仲、范蠡之学者润色之。然围之三年,以待其衰,必蠡之谋也。"论者以为《国语·越语下》范蠡之词未必当时言语,然而指出"战国之初"已经有所谓"范蠡之学",值得我们注意。

"范蠡之学"有哪些内容呢?

《汉书》卷三〇《艺文志》著录的兵学名著"兵权谋"一类中,于《吴孙子兵法》《齐孙子》《公孙鞅》《吴起》之后,列有:"《范蠡》二篇。"原注:"越王勾践臣也。"其书亡佚,只在一些古文献中有片断遗存。顾实《汉书艺文志讲疏》说:"唐人注书引《范蠡兵法》,则唐世犹未亡也。""范蠡、大夫种二人兵法言,今当犹散见《越语》《史记》《越绝书》《吴越春秋》。"清人孙承泽《春明梦余录》卷四三《兵部二·营阵》:"范蠡兵法,先用阳后用阴,尽敌阳节盈吾阴节以夺之。其曰设右为牝,益左为牡,早晏以顺天道,盖深于计者也。"由此可知,《范蠡兵法》似包涵"兵阴阳"理论。《史记·白起王翦列传》裴骃《集解》引张晏曰:"《范蠡兵法》:'飞石重十二斤,为机发行三百步。'"这样说来,《范蠡兵法》似乎又有"兵技巧"的内容。作为早期军事学著作,兼论"兵权谋""兵阴阳""兵技巧",可知其价值之珍贵。

明人徐伯龄《蟫精隽》写道:"以文章举进士不第,遂弃蝌蚪业,学拥剑,读《太史公》《范蠡兵法》,曰:'熟此则取苏秦黄金印易事耳。'"看来,《范蠡兵法》可以用于权争。熟悉这些战争经验,可以轻易取"黄金印"。

《齐民要术》引《陶朱公养鱼经》。《隋书》卷三四《经籍志三》可见《陶朱公养鱼法》。《旧唐书》卷四七《经籍志下》、《新唐书》卷五九《艺文志三》可见"范蠡《养鱼经》"。可知范蠡很可能曾经总结过具体的生产经验。关于贸易金融之外产业经营的著述,应当也是"范蠡之学"的重要内容。

司马迁在《史记》卷一二九《货殖列传》中表彰范蠡注重"任时""候时转物""与时逐而不责于人"的经营策略。《焦氏易林》称其经营优势为"善贾息资""巧贾货资"。《太平御览》卷一九一引王子年《拾遗记》说:"縻竺用陶朱公计术,日益亿万之利,赀拟王家,有宝库千间。"所谓"陶朱公计术",应是熟练巧妙的经营之术。有关经营"计术"的总结,显然也是"范蠡之学"的内容。

范蠡在陶地的经营,特别表现出对于经济地理的敏锐眼光。史念海曾经指出,范蠡认定陶为"天下之中","乃是诸侯四通的地方,也是货物交易的地方",于是于此定居,经营商业。"范蠡到陶的时候,陶已经发达成为天下之中的经济都会,致使范蠡留连不能舍去。其发达的程度超过了当时的任何城市。这种情形,自然是济、泗之间新河道开凿之后的必然结果。"[①]也就是说,范蠡亦对交通地理颇有卓识。

总结现有文化信息,可以知道"范蠡之学"应当包括多方面的内容。"范蠡之学"体现的军政谋略、人生智慧和经营才华大多通过非凡的实践成功而富有历史影响力。作为政治家和实业家兼于一身的人物,其人生智慧应用于军事政治和产业经营之间,对于今人,也可以提供有意义的启示。

---

① 史念海:《释〈史记·货殖列传〉所说的"陶为天下之中"兼论战国时代的经济都会》,《人文杂志》1958年2期。

"四皓"的政治表现

在汉初政治舞台曾经有过重要表演的"四皓",所体现的文化资质及其渊源和影响都值得注意。"四皓"故事是汉初政治史的传奇。《史记》最早最完整地记述了相关情节。张良的明智建议,"四皓"的明朗表态,刘邦的明断抉择,都表现出了非同寻常的政治智慧。司马迁笔下的生动记录,保留了若干光照千秋的政治史的珍贵镜头,也启示我们进行文化深思。

《汉书》卷一〇〇下《叙传下》有"四皓遁秦,古之逸民"的说法,他们的文化人格首先表现为与国家行政的疏离。在进入帝制时代后,"四皓"可能是最早的在历史上留下深刻印迹的"逸民"。在汉世通称"处士"的社会人群中,"四皓"也是有影响的早期代表。"处士"指行政体制之外的民间士人。大多才德出色,性情豁如。《汉书》卷一三《异姓诸侯王表》颜师古注说:"'处士'谓不官于朝而居家者也。"《后汉书》卷二五《刘宽传》李贤注:"处士,有道蓺而在家者。"《后汉书》卷三五《郑玄传》记载,郑玄自称交往"在位通人,处逸大儒",于是"得意者咸从捧手,有所受焉"。李贤注:"'处逸'谓处士隐逸之大儒。"讨论"四皓"事迹,可以忽略"大儒"之说,因为这四位老人的文化肖像有闪亮的黄老之学的光色。在帝制初创、皇权独尊的背景下,"隐者""处士""逸民"回避权力追逐,志求清净人生的精神情操,为人们长期尊崇和景仰。他们的表现,又并非绝对的孤寂冷漠,就重视自身修养、提升文化意境而言,又有引领社会趋向的榜样作用和前导意义。

《史记》卷二七《天官书》司马贞《索隐》引《春秋合诚图》说：少微星"处士位"。又引《天官占》："少微，一名处士星也。"张守节《正义》："少微四星，在太微西，南北列：第一星，处士也；第二星，议士也；第三星，博士也；第四星，大夫也。"和"处士"并说的"议士"，表现出积极的政治参与意识。秦汉前后，曾经出现知识人热情议政的情形。《史记》卷八七《李斯列传》说战国晚期士人有品论社会、批评时政即"非世"的倾向。司马贞《索隐》："非者，讥也。所谓'处士横议'也。"东汉晚期的"处士"们重新点燃起议政的热情。而这种议政，主要是在行政体制之外进行的。从战国时期的"处士横议"，到东汉晚期的"处士横议"，似乎呈示出一种历史的反复，形成了一个历史的轮回。而纵观历史的大趋势，应当注意到社会政治生态形势的不同。

在汉初"拨乱反正"，国家前景变数颇多的条件下，"四皓"相对冷静的政治态度，应当说是明智的选择。然而我们考察"四皓"故事的历史文化意义，还应当看到他们在政治史关键时刻表现出来的积极的政治参与意识。

所谓"处士横议"，即"处士"在特殊情况下转变为"议士"的情形，值得政治史研究者注意。而"四皓"对汉初政治走向的影响，是通过特殊的形式实现的。我们注意到，"四皓"在汉高祖刘邦晚年权力交接时的犹疑导致上层政治危机的情况下，及时挺身而出，以积极的言行，表演了一出政治史的正剧。正如宋代学者晁说之《晁氏客语》所说："张良致四皓以正太子，分明是决然之策。"谢采伯《密斋笔记》卷一也写道："（高帝）及得天下又溺于戚姬，几欲废太子，微四皓，则又是一场狼狈。"回顾历史可以看到，许多王朝在第一代帝王和第二代帝王权力接递的过程中都发生了危局。秦代、隋代、唐代、明代……都有典型的周折。有的导致流血事件，有的甚至引发千百万人头落地的战争。秦王朝和隋王朝的短促而亡,有些史家归之于这种错败。不过,张良等有战略眼光的政治家就此产生的警觉,不可能总结多代历史教训,他们大概只是从秦史得到启示。秦始皇之后扶苏悲剧的发生,导致秦二世胡亥治下第一个高度集权的统一王朝的灭亡。《史记》卷四八《陈涉世家》写道,陈涉发起暴动时这样分析形势:"天下苦秦久矣。吾闻二世少子也,不当立,当立者乃公子扶苏。扶苏以数谏故,上使外将兵。今或闻无罪,二世杀之。百姓多闻其贤,未知其死也。"于是决定"诈自称公子扶苏""为天下唱",以为"宜多应者"。

汉初相类同的情形引起了明智士人的不安。《史记》卷九九《刘敬叔孙通列传》记载:"汉十二年,高祖欲以赵王如意易太子,叔孙通谏上曰:'秦以不蚤定扶苏,令赵高得以诈立胡亥,自使灭祀,此陛下所亲见。今太子仁孝,天下皆闻之;吕后与陛下攻苦食啖,其可背哉!陛下必欲废嫡而立少,臣愿先伏诛,以颈血污地。'高帝曰:'公罢矣,吾直戏耳。'叔孙通曰:'太子天下本,本一摇天下振动,奈何以天下为戏!'""四皓"正是在这样的情况下出现,使得刘邦确定了不易太子的政治选择,"及上置酒,见留侯所招客从太子入见,上乃遂无易太子志矣"。

历代治汉史的学者都提示我们注意黄老之学在文景时代的历史作用。其实,在高帝和吕后的时代,这一学说已经逐渐影响上层政治生活。"四皓"受到特殊的尊重,或许也可以看作标志之一。吕后称制时的一些政策设计,可以说对文景之治的历史成功有引导性的意义。

司马迁在《史记》卷九《吕太后本纪》篇末以"太史公曰"的形式写道:"孝惠皇帝、高后之时,黎民得离战国之苦,君臣俱欲休息乎无为,故惠帝垂拱,高后女主称制,政不出房户,天下晏然。刑罚罕用,罪人是希。民务稼穑,衣食滋殖。""休息乎无为"的政治导向,大致在吕后时代已经确立。注意到这一历史现象,当然不宜忽略张良和"四皓"等人曾经发生的作用。

贾谊"为富安天下"主张

汉文帝在位时,任太中大夫的洛阳少年贾谊曾经建言重视农耕,"殴民而归之农,皆著于本,使天下各食其力",以为这样则"可以为富安天下"。(《汉书》卷二四上《食货志上》)颜师古解释说:"'殴'亦'驱'字。""殴民"就是"驱民"。这位有识见的思想家"为富安天下"的设想,在文景时代基本实现了。

合理的经济政策促进了战乱之后农人回归于农耕生产实践。汉初功臣封侯,据说"大侯不过万家,小者五六百户"(《史记》卷一八《高祖功臣侯者年表》),到了文景时代,"流民既归,户口亦息,列侯大者至三四万户,小国自倍,富厚如之"。(《汉书》卷一六《高惠高后文功臣表》)户口的充分回归与迅速蕃息,是社会生产逐步走向安定有序实现正常化的反映。西汉王朝的国力,也因此得到了空前的充实。

荀悦《前汉纪·文帝二年》引晁错语:"今农夫五口之家,其服作者不过二人,其能耕作者不过百亩。百亩之收,不过三百石。"有的学者据此推断,当时农业生产恢复并且得到发展,粮食亩产已经赶上并略超过战国后期的水平了。"汉时小亩比战国时的周亩略小",因而"单产实际上是提高了"。"折合今量就是产粟281市斤/市亩。"①

《史记》卷三〇《平准书》有一段关于当时经济形势的记述,形象具体地反映了国家经济实力的充备和民间经济生活

---

① 吴慧:《中国历代粮食亩产研究》,农业出版社,1985年,第111页。

的富足:从汉初经历文景时代至于汉武帝即位之初70年间,国家没有严重的政治动乱,又没有严重的水旱灾荒,于是民间人给家足,城乡的大小粮仓也都得以充满,而朝廷的财政也每有盈余。京师的钱财累积至千百万,以致钱贯朽坏而不可清校。国家粮仓太仓的存粮年年堆积,陈陈相因,至于满溢而堆积于露天,导致腐败不可食用。民间大小民户都风行养马,阡陌之间驰游成群。人们竞相逞示富饶,骑乘母马的人,甚至不能参与乡间聚会。司马迁记述的原文是:"至今上即位数岁,汉兴七十余年之间,国家无事,非遇水旱之灾,民则人给家足,都鄙廪庾皆满,而府库余货财。京师之钱累巨万,贯朽而不可校。太仓之粟陈陈相因,充溢露积于外,至腐败不可食。众庶街巷有马,阡陌之间成群,而乘字牝者傧而不得聚会。"

农耕的发展,使得粮价普遍降低。楚汉战争时,有"米石万钱""米斛万钱"的记载。(《史记》卷一二九《货殖列传》,《汉书》卷一上《高帝纪上》)而《太平御览》卷三五引桓谭《新论》:"汉文帝躬俭约,修道德,以先天下,天下化之。……谷至石数十钱,上下饶羡。"也就是说,汉文帝时,谷价至于石数十钱。据《史记》卷二五《律书》记载,当时甚至曾经达到每石"粟至十余钱"。

应当说,贾谊"为富安天下"的主张,成就了文景之治,也为汉武帝时代的政治成功奠定了基础。

"冠于百王"的汉武帝

汉武帝时代是中国文化史上的英雄时代。汉武帝也是创造显赫功业的历史英雄。对于汉武帝的历史功过,在昭宣时代就已经在朝廷公开争论。东汉应劭评价说:"(汉武帝)攘夷辟境,崇演礼学,制度文章,冠于百王矣。"(《风俗通义》卷一《六国》)曹植也赞扬汉武帝:"世宗光光,文物是攘。威震百蛮,恢拓土疆。简定律历,辨修旧章。封天禅土,功越百王。"(《艺文类聚》卷一二引陈王曹植《汉武帝赞》)明代思想家李贽称汉武帝为"千古大圣",以为"不可轻议"(《藏书》卷一《世纪总论》),又说:"孝武乃大有为之圣人也。""有为之功业已大矣。"(《藏书》卷三二《德业儒臣后论》)他们都是对历史有深刻思考的学者,在不同时期都不属于权力集团,并非正统思想的宣传者,这些意见因而值得我们重视。

近代学者夏曾佑在他的著作《中国古代史》中曾经说,历代帝王,有的是"一朝之皇帝",比如汉高祖,然而,又"有为中国二十四朝之皇帝者",比如汉武帝。说汉武帝"为中国二十四朝之皇帝者",是因为他确认的历史路径、开启的文化风气、创立的政治制度、拓定的国家疆土,对中国历史影响非常长久。历史学家许倬云在为《创造历史的汉武帝》一书作序时写道,历史人物的决定,可以"终乎在诸项可能之中抉择了演变的方向"。他说,"方向一旦定了,历史不能再回头,后人遂只有接受这个事实,再作下一步的抉择。"所谓汉武帝"功越百王","为中国二十四朝之皇帝",就是因为他抉择的"方向",对后世产生了规定性的作用,人们"只有接受这个事实"①。而这"方向"的确定,是由一个个事件的发生和处理,一项项政策的制定和推行表现出来的。汉武帝时代有许多重大的举措,都如同秦汉史研究大家劳榦所说,体现出这位历史人物的"大智慧,大决断"②。

罢黜百家,表章《六经》,确定了儒学在百家之学中的主导地位,是汉武帝时代影响最为久远的文化政策。汉武帝贬抑黄老刑名等百家言,起用文学儒者至数百人,齐鲁儒学之士纷纷西行,进入执政集团上层。儒学学者在文化史的舞台上逐渐成为主角,"师异道,人异论,百家殊方"的局面结束,中国文化进程进入了新的历史阶段。值得注意的是,这一变化是和以"汉"为标号的民族文化共同体的基本形成大体同步的。现在总结汉武帝时代思想文化的格局,多使用"独尊儒术"的说法,其实,这种表述方式出现较晚,不能准确地反映历史真实。当时最高执政集团的统治方略,其实是"霸王道杂之"。即使对汉武帝决策多所谘议的儒学大师董仲舒,终生也未能真正显达。宋人诗句"追惜汉武世,仲舒道硗确"(石介:《安道登茂材异等科》,《徂徕集》卷三),描绘了历史的这一侧面。

兴太学,是汉武帝时代在文化方面的另一重要举措。汉武帝元朔五年(前124)接受董仲舒的献策,采用公孙弘的方案,创建了太学,国家培养政治管理人才的官立学校于是出现。虽然太学起初规模很有限,只有几位经学博士和50名博士弟子,但是这一文化雏形,却代表着中国古代教育进步的方向。太学生的数量逐渐增多,汉平帝时已经多达数千

---

① 金惠:《创造历史的汉武帝》,台湾"商务印书馆",1984年,第5—6页。
② 苏榦:《〈创造历史的汉武帝〉序》,金惠:《创造历史的汉武帝》,台湾"商务印书馆",1984年,第4页。

人,王莽时代进一步扩建太学,一次就曾经兴造校舍"万区"。太学的兴立,进一步助长了民间积极向学的风气,对于文化的传播起到了重大的推动作用,同时使贵族官僚垄断官位的情形有所改变,一般中家子弟参与行政的门径得以拓宽,一些出身社会下层的"英俊"之士,也得到入仕的机会。

削藩事业不通过战争形式而达到目的,被公认为汉武帝政治成功的典型实例。汉武帝颁布"推恩令",收到了"不行黜陟而藩国自析"(《汉书》卷一四《诸侯王表》)的效用。淮南王刘安和衡山王刘赐谋反事件发生后,汉武帝用严酷手段肃清其宾客党羽,又颁布"左官律"和"附益之法",以此控制人才流向,压抑诸侯王属下官吏的地位。此后,诸侯只能衣食租税,不得参与政事,中央集权得到空前的加强。

察举制的确立,在中国选官制度史上有特殊的意义。汉武帝在即位之初的第一年,就诏令"举贤良方正直言极谏之士"。(《汉书》卷六《武帝纪》)六年之后,又下诏策试贤良。特别是在这一年,明确规定了郡国必须选举的人数。察举制的施行改变了世官制的传统,劳榦因此指出,汉武帝"初令郡国举孝廉各一人"的元光元年(前134),是"中国学术史和中国政治史的最可纪念的一年"[①]。

出击匈奴,是汉武帝最大胆的决策。他克服各种困难,发动了对匈奴的战争。由于对战争主动权的牢固把握,这一战争后来又具有了征服匈奴的性质。汉武帝以军事胜利为条件实现了汉帝国的疆域扩张,使得南越归服,朝鲜置郡,夜郎入朝,匈奴北遁。而北边军事形势的改变,使西北地区的开发进入了新的纪元,打通了中原文化与西域文化交往的通

[①] 劳榦:《汉代察举制度考》,《"中央研究院"历史语言研究所集刊》第17本,1948年。

路。正如秦汉史专家张维华在《论汉武帝》一书中所指出的,这一举措"不仅对于中国的历史,具有重大意义,即对于整个东方的历史,亦具有重大意义"(上海人民出版社1957年11月版,第152页)。西北方向的长期作战,使社会承受了沉重的负担,据说一时"海内虚耗,户口减半"。(《汉书》卷七《昭帝纪》)对"武皇开边"的批评,历来音声响亮。唐人有"贰师骨恨千夫壮,李广魂飞一剑长","谁知汉武轻中国,闲夺天山草木荒"的诗句。(沈彬:《塞下三首》之三,《乐府诗集》卷九三)宋人诗作亦谓"汉武爱名马,将军出西征。蹀血几百万,侯者七十人"。(《清河书画舫》卷八下)但是清代学者赵翼说:"帝之雄才大略,正在武功。"近世也多有学者肯定"汉武帝奠定了现代中国辽阔疆域的基础"[1],又"打通西域,使中国与遥远的地方世界进行正式交往"[2]。

统一货币、官营盐铁,推行均输和平准制度,以及强化重农抑商政策等,作为汉武帝推行的经济政策,使西汉帝国的经济基础得以空前强固。以币制的确定为例,其合理性正如有的学者所说,"五铢钱法,轻重适中,自后以迄清末,铸钱莫能出于五铢标准之外"[3]。

轮台诏的颁布,显然是汉武帝政治生涯中的一个亮点。汉武帝晚年,曾经指使酷吏清查"巫蛊",导致有数万人冤死的空前大狱,这就是西汉史上著名的"巫蛊之祸"。处理"巫蛊"一案的官员在宫中"掘蛊",利用汉武帝和太子刘据的政策分歧,甚至直接冲犯皇后和太子。刘据无以自明,举兵反抗。汉武帝亲自指挥镇压,双方在长安城中大战五日,死者

---

[1] 杨生民:《汉武帝传》,人民出版社,2001年,第3页。
[2] 林剑鸣:《雄才大略的汉武帝》,陕西人民出版社,1987年,第126页。
[3] 劳榦:《〈创造历史的汉武帝〉序》,金惠:《创造历史的汉武帝》,台湾"商务印书馆",1984年,第3页。

数万。刘据失败后出城逃亡,因追捕而自杀。事变之后,"巫蛊"冤情逐渐显现于世,汉武帝内心有所悔悟。他命令一一处置迫害太子事中立功受封者,在刘据去世的地方筑作思子宫与归来望思之台,以示哀念。汉武帝又认真反思刘据政治主张的利弊得失,利用汉王朝西域远征军战事失利的时机,开始了基本政策的转变。他公开承认:"朕即位以来,所为狂悖,使天下愁苦,不可追悔。"又向臣民宣布,自今事有伤害百姓,糜费天下者,统统予以罢除!他在正式颁布的被誉为"仁圣之所悔"的轮台诏中,深陈既往之悔,否定了将西域战争继续升级的计划,表示当今政事,首要在于"禁苛暴,止擅赋,力本农",决意把行政重心转移到和平生产方面来。又封丞相田千秋为富民侯,以表明"思富养民"的决心。后来的"昭宣中兴",因此奠定了基础。司马光曾经就此评论道,汉武帝有种种过失,"其所以异于秦始皇无几矣"。然而,"秦以之亡,汉以之兴",是因为汉武帝能够"晚而改过",及时扭转了局势,"此其所以有亡秦之失而免亡秦之祸乎!"(《资治通鉴》卷二二《汉武帝后元二年》)

我们在认识汉武帝的业绩时,首先应当明确,对于其成功的肯定,不能忽略专制政治的背景。对于这种成功的历史分析应当是具体的,如果一味堆砌"伟人""天才""太阳之皇""圣武大帝"等空泛的颂词,不仅无益于准确地说明历史真实,也不免恢复帝制社会臣民奴性心理之嫌。汉武帝虽然史称"雄才大略",但善政的背面多有祸民的事实。而神仙迷信和长生追求,也使其留下千古笑柄。清末民初的民主志士易白沙曾经著《帝王春秋》(岳麓书社1984年),"举吾国数千年残贼百姓之元凶大恶,表而出之,探其病源",所列诸种罪恶中,"弱民""虚伪""奢靡""愚暗""严刑""奖奸"等,汉武帝均不能免。有的人说,回顾汉武帝的功业,可以振奋民族精神。

王霸之道

我们应当明了,现今应当振奋的是鲁迅曾经热情称颂的当时那种"闳放""毫不拘忌""魄力究竟雄大"的精神,借用西汉人的表述习惯,即表现出"奋疾""驰骛""奔扬"风格的积极进取的时代精神,而必须与民族沙文意识和军事霸权主义划清界限。和汉武帝的功业有关,西汉人形成了"犯强汉者,虽远必诛"(《汉书》卷七〇《陈汤传》)的强烈的国家意识,但是汉武帝本人的民族情结,其实却并不狭隘。比如金日䃅的信用,就是明显的例子。劳榦写道,"旧说非我族类,其心必异,然自武帝托孤于休屠王子,天下向风,共钦华化,而金氏亦历世为汉忠臣,虽改朝而不变"[①],这样的历史事实,值得我们深思。

---

① 劳榦:《〈创造历史的汉武帝〉序》,金惠:《创造历史的汉武帝》,台湾"商务印书馆",1984年,第4页。

诸葛多智

如果列示历代政治舞台上的明星排行榜,诸葛亮必定可以位居前列。杜甫有"诸葛大名垂宇宙"(《咏怀古迹五首》之五,《九家集注杜诗》卷三〇)的诗句,说明这位一代名相在世人心中,很早就具有了至上的地位。

诸葛亮可能是中国政治史中少有的为不同政治地位、不同政治立场、不同政治风格的人们所共同称道而享有美誉的政治家。在民间,他又成为智慧的象征。

诸葛亮行政的特色,据说"勤劳躬亲""俭约节适"([宋]胡曾:《致堂读史管见》),"立法甚严,自律极谨",有人甚至说他"八面打开,光明洞达,无一点黑暗

国家博物馆藏清殿藏本诸葛亮像

处可以起人疑惑"([清]李光地:《榕村语录》卷二二),如若确实如此,在千古从政者中,自然是凤毛麟角。诸葛亮自陈心志所谓"鞠躬尽力,死而后已"(《三国志》卷三五《蜀书·诸葛亮传》裴松之注引《汉晋春秋》),更使他成为一种献身精神的典范。所谓七擒七纵孟获的故事,也被看作民族和合的榜样。民间有关诸葛亮南征抽刀刺山的传说,有关诸葛井、诸

葛灯、诸葛铜鼓的传说,许多地方流行的所谓诸葛亮"兵书匣"的传说等,已经使诸葛亮实际上成为神话人物。鲁迅在《中国小说史略》中所谓《三国演义》"状诸葛之多智而近妖",也指出了在文学形式中,由羽扇纶巾所装点的诸葛亮一向沉着持重、从容稳健、莫测高深的形象,被涂抹了浓重的神秘主义色彩。

一般人以为诸葛亮优异的政治智慧之最重要的例证,是史称"隆中对"的战略规划。"隆中对"确有预见性,然而,做出这种判断的,并非诸葛亮一人。田余庆《〈隆中对〉再认识》一文指出,事实上在诸葛亮提出这一设想之前,鲁肃已经向孙权提出过类似的意见①在赤壁战后,周瑜也曾经有类同诸葛亮占据益州的图谋,并且实际上已经开始实施以荆、益两路威逼北方的计划,可惜英年早逝,也演出了"出师未捷身先死"②的悲剧。就战略规划而言,诸葛亮于鲁肃的计谋有更为长远的考虑。而诸葛亮设计的前一阶段由于已经得到历史的证实,于是获得了历代史家的喝彩。不过,因为关羽之死与夷陵之败,导致诸葛亮看起来相当完善的战略设想的后一步骤无法实现。

建安二十四年(219),关羽在吴军强攻下败死。次年,出现曹魏代汉的重大政治变局。公元221年四月,刘备即皇帝位,以诸葛亮为丞相。七月,刘备亲自率军东进伐吴。夷陵会战,遭遇惨败。诸葛亮隆中战略规划的基本原则,包括"外结好孙权"。事实上,刘备决意出兵,已经标志着战略主攻方向的转变,也意味着《隆中对》提出的战略计划已经被蜀汉最高决策者放弃。

---

① 田余庆:《〈隆中对〉再认识》,《秦汉魏晋史探微》,中华书局,1993年。
② 《旧唐书》卷一三五《王叔文传》:"吟杜甫《题诸葛亮祠堂》诗末句云'出师未捷身先死,长使英雄泪满襟',因歔欷泣下。"

据《三国志》卷三七《蜀书·法正传》记载,"先主既即尊号,将东征孙权以复关羽之耻,群臣多谏,一不从。"随后大军败绩,诸葛亮感叹道:如果法正在,则能劝阻主上,令不东行;即便东行,也必然不会遭遇如此危局。似乎虽然"群臣多谏",其中却是不包括诸葛亮的。胡三省注《资治通鉴》,曾经分析说,诸葛亮的本意,"不以汉主伐吴为可",然而并未劝阻的原因,一是"以汉主盛怒而不可阻",二是估计蜀军占据"上流"的地理优势,应当能够获胜。对于这次出兵,赵云曾经发表"国贼是曹操,非孙权也"(《三国志》卷三六《蜀书·赵云传》裴松之注引《云别传》)的异议,体现了一种比较清醒的政治意识。不过,这种反对意见微弱无力,未能扭转政治定局。也有一些分析家认为诸葛亮曾经谏止伐吴,只不过谏之不听,没有形成足以动摇刘备决心的影响罢了。然而这样的说法似出于维护诸葛亮至明至智的政治声誉之心,以想象推测成分过多而缺乏足够的说服力。

从关羽之死,到刘备之败,历时两年半之久,东征之事,从战略策划到军事集结,从常理来说,也有足够的时间听取已经成为丞相的诸葛亮的意见。诸葛亮没有明确提出并大胆坚持反对意见,一定有特别的原因。

宋人秦观评论诸葛亮对夷陵之战应当承担的责任时曾经断言:"以此论之,亮不足以取天下而兴礼乐,亦明矣。"(《诸葛亮论》,《淮海集》卷二一)而司马懿评价诸葛亮,早有"亮虑多决少"(《晋书》卷一《宣帝纪》)之说。袁准所谓"其于应变,则非所长"(《三国志》卷三五《蜀书·诸葛亮传》裴松之注引《袁子》),陈寿所谓"应变战略,非其所长"(《三国志》卷三五《蜀书·诸葛亮传》)等,也是对诸葛亮战略思想评价不高的议论。

虽然夷陵战前刘备称帝,以诸葛亮为丞相,夷陵战后又有白帝城托孤的著名故事,但是对于诸葛亮在当时的实际地位和真正作用,不可以估计过高。事实确如历史学者田余庆所说:"在刘备死前,诸葛亮徒有《隆中对》策划之名而实际表现无多。他在荆不得预入蜀之谋,在蜀不得参出峡之议。"①至于刘备"若嗣子可辅,辅之;如其不才,君可自取"的遗言,明人章懋以为是对诸葛亮的一种试探,"夫昭烈之为是言,是疑孔明也","吾读陈寿书至此,未尝不深为孔明惧也"。他又感叹,没有想到所谓"鱼水君臣",仍然"以智术相御"至于如此程度。(《枫山章先生集》卷四)明末清初人徐世溥《诸葛武侯无成论》也以为:"斯言也,昭烈之疑忌尽见,生平深险毕露。"([清]王士禛《居易录》卷一二)王夫之对于刘备心理,又有"疑公交吴之深,而并疑其与子瑜之合"②的分析,揭露了夷陵之战前后诸葛亮微妙态度之后的微妙背景,值得人们深思。

我们在讨论诸葛亮顶上何以形成辉煌的光环时,还有必要认识与此相关的"鱼水君臣"神话的生成和影响。刘备三顾茅庐得诸葛亮,所谓"孤之有孔明,犹鱼之有水也"(《三国志》卷三五《蜀书·诸葛亮传》)之说,后世传为君臣关系至契的佳话。武则天诗作中所谓"君臣得合,鱼水斯同"(《旧唐书》卷三〇《音乐志三》),是一种政治宣传。"得合",《乐府诗集》卷五作"德合"。而李白诗有"刘葛鱼水本无二"句(《君道曲》,《李太白文集》卷三),又如他的"鱼水三顾合,风云四海生"(《读诸葛武侯传书怀赠长安崔少府叔封昆季》,《李太白文集》卷七),以及李中"鱼水从相得,山河遂有归"(《读蜀志》,《全唐诗》卷七四八),岑参"感通君臣分,义激鱼水契"

---

① 田余庆:《〈隆中对〉再认识》,《秦汉魏晋史探微》,中华书局,1993年。
② [清]王夫之:《读通鉴论》卷一〇《三国》,中华书局,1975年,上册第264页。

(《先主武侯庙》,《石仓历代诗选》卷四〇),皮日休"下以契鱼水,上以合风云"(《李太尉》,《全唐诗》卷六〇八),权德舆"云龙谐理代,鱼水见深恩"(《奉和于司空二十五丈新卜城南郊居接司徒公别墅即事书情奉献兼呈李裴相公》,《权文公集》卷二)等,都在"鱼水"二字中暗含某种个人政治理想。古代士人的"鱼水君臣"幻想,是专制制度下特有的文化现象。诸葛亮形象得以神化,有历代文士借以寄托功名抱负的因素,也是我们应当看到的。

虽然"诸葛大名"的历史影响有神化的成分,但是我们不能否认,诸葛亮是三国时期杰出的时代英雄。作为蜀汉政权的政治领袖,"伯仲之间见伊吕,指挥若定失萧曹"(杜甫:《咏怀古迹五首》之五,《九家集注杜诗》卷三〇)的评价,其实是大致确当的。

王霸之道

民间政治幽默：中国古代的政治笑话

《笑府》卷上记录了这样一则笑话：长官过生日，一吏员得知其属相是鼠，于是铸金为鼠奉上，作为贺寿之礼。长官收受后，高兴地说：你知道太太的生日也快要到了吗？她属牛。宋代笑话书《拊掌录》中写道，闽地海盗郑广被招安，任为官员。一次，同僚逼迫他作诗。郑广不得已，于是随口吟诵道："不问文官与武官，总一般。众官是做官了做贼，郑广是做贼了做官。"郑广的本意我们不很清楚，但是人们以为可以拊掌而笑的，是诗句揭露了在贪鄙之风盛行之时，"官"其实无异于"贼"。

批评官场贪腐的笑话，又有《广笑府》卷二记载的这样的故事："新官赴任，问吏胥曰：'做官事体当如何？'吏曰：'一年要清，二年半清，三年便混。'官叹曰：'教我如何熬得到三年！'"又写道：某吏人犯赃致罪，遇赦获免，发誓今后再接人钱财，手当生恶疮。不久，又有诉讼当事人行贿以求胜诉。吏人想到自己的誓言，不便以手接，于是说："你既如此殷勤，且权放在我靴筒里。"《风月笑林》一书中有"官员贪污"条，说一官员贪污，受到上司稽查。他铸一银孩儿放置在上司厅中，报告说：我大哥在厅中求见。上司出来，看到银孩儿，于是悄悄收存。后来此官员又犯有罪案，上司勘决，犯官连声说：且看我大哥的面子。上司答道：你大哥太不像话，见了一面就再也不来了。

《看山阁闲笔》卷一五又有这样的笑话：有一县令，堂前悬挂一副对联以自表其廉洁之志。上联是："得一文，天诛地灭。"下联是:"听一情,男盗女娼。"说绝不受贿一文,也绝不徇情一次。但是实际上行贿者甚多,无不收受,权势者说情,亦必徇私。有人责备道:你的行为和堂联所志可是大不一致啊。县令则答道:"吾志不失,所得非一文,所听非一情也。"《笑得好》初集"誓联"一条内容十分相像,而对联的内容是:"若受暮夜钱财,天诛地灭;如听衙役说话,男盗女娼。"其行为却是"凡有行贿者,俱在白日,不许夜晚,俱要犯人自送,不许经衙役手,恐犯前誓也。"又有"烂盘盒"一条内容也类似:"昔有一官,上任之处,向神发誓曰:'左手要钱,就烂左手。右手要钱,就烂右手。'未久,有以多金行贿者,欲受之,恐犯前誓。官自解之曰:'我老爷取一空盘盒来,待此人将银子摆在内,叫人捧入。在当日发誓是钱,今日却是银,我老爷又不曾动手,就便烂也只烂得盘盒,与老爷无干。'"

笑话,作为一种特殊的民间文学形式,在中国古代文化遗产中占有值得重视的地位。其中多有涉及政治生活的,可以称作政治笑话。

中国古代的政治笑话是一种形式和内容都比较特殊的文化遗存。当时人的这种口头创作,毫无疑问只有极少一部分被有心的文人记录下来,流传至于后代。这些笑话从不同的文化角度和不同的文化层面剖视官场政治生活的各种情态,使我们能够借以透见专制政治的黑暗丑恶的内质。由此也可以体味当时的政治文化风貌以及与此相关的世态人情,并且可以进而发现当今政治生活中若干现象的历史文化渊源。制作者之制作和传播者可能在传播过程中进行的加工修改提升,都体现出民间政治智慧。

政治笑话主要流传于民间。当时下层民众揭露、嘲谑、抨击腐恶政治的勇与智,特别是以幽默生动的语言巧妙进行政治批判的方式,体现出中国传统文化推崇公正和倚重智慧的主流,也可以给今人以有益的启迪。

中国古代许多政治笑话的创作,体现出赢得千百年赞赏的文化幽默和语言艺术。但是更值得我们重视的,是政治笑话作为特殊的社会舆论方式的性质。在古时专制时代,意识形态的控制历来严密。普通的民众没有直接批评政治体制、行政方式以及执政集团成员的可能,只能以曲折隐晦的形式表达心声。政治笑话的传播,就是这种形式之一。而通过政治笑话所表露的,是真正值得重视的真民意、真民情。人们通过这种形式,情感倾向在一定程度上可以比较自由地抒放,百无遮拦,痛快淋漓。而就效力而言,这种形式的穿透力和杀伤力都是相当可观的。正如恩格斯所说,对于"手段越来越卑鄙无耻"的政治势力,"就是用最厉害的字眼来评论它们还显得太软弱无力","那末,最好是采用其他办法,不要厉害的字眼而又能保证有力量和富于表达力。这种办法是有的,即主要是利用讽刺、讥笑、挖苦,这要比最粗暴的语言更能刺痛敌人。"①

腐败,是历代官场的痼疾,也是传统体制下最普遍的政治生态现象。中国古代的政治笑话,许多是从对贪官污吏的讽刺入手,揭露黑暗政治的,如本文开头所举的几例。然而,中国古代政治笑话对于当时政治之不合理性的批判,又是多方位的。除对官吏的贪昧多有讽刺外,对于其愚暗、谄媚、虚伪、骄恣、怯劣、险诈、糜烂、妄诞等恶性与恶行的批判,也是中国古代政治笑话的主题。

《解愠编》卷二《官箴》有"新官贺词"条说,新官到任,三日大宴,乐人致词说道:"为报吏民须庆贺,灾星退去福星

---

① 恩格斯:《致爱·伯恩施坦》(1882年6月26日),《马克思恩格斯全集》第35卷,人民出版社,2013年,第336页。

来。"新官因"福星"的称誉大为欢心,问贺词是何人所撰,有意表示感谢。然而乐人答道:"本州自来旧例如此。"这则笑话直说官场"旧例",却从较深层次揭露了政坛风习的虚伪和丑恶。又如"有天无日"条说,正值炎暑季节,官员欲寻避暑之地。有人说"某山幽雅",有人说"某寺清凉",一皂隶则说:"细思之,总不如此公厅上可乘凉。"官员问其故,回答说:"此地有天无日头。"这里"有天无日"的说法,已经明指政治的黑暗。

清人编辑的笑话集《笑笑录》中,有说到"首县十字令"的:"红,圆融,路路通,认识古董,不怕大亏空,围棋马吊中中,梨园子弟殷勤奉,衣服齐整言语从容,主恩宪眷满口常称颂,坐上客常满樽中酒不空。"又有"副贰十得":"一命之荣,称得;两片竹板,拖得;三十俸银,领得;四乡地保,传得;五下嘴巴,打得;六角文章,发得;七品堂官,靠得;八字衙门,开得;九品补服,借得;十分高兴,不得。"又有讽刺官员酒醉胡言的故事,说某县令醉中升堂断案,拍案喝打,衙役跪请问道:"打若干?"县官伸指说:"再打三斤!"中国古代政治笑话的这些形式,已经形成了某种套数,常常袭用传统格式而变换新的内容,体现了特别的聪明和幽默。

政治笑话并不都是仅仅针对官场中人的。中国古代臣民心理中的奴性传统,也是讥讽的对象。如《笑得好》初集"归去来辞"条说,有一人偶然朗读古文:"临清流而赋诗。"旁边有一人急忙问道:"何处临清刘副使?为甚的不早些对我说?让我好奉承奉承他。"读古文者答道:"此乃《归去来辞》。"这人于是改颜缓说曰:"我只道他是个现任的官儿,若是这个归去来辞的官儿,我就不理他了。"

金天基《笑得好·自叙》说:"全要闻笑即愧即悔,是即学好之人也。"《笑得好》初集引言又写道:"人以笑话为笑,我以笑话醒人。虽然游戏三昧,可称度世金针。"可见有些政治笑话的创作,有规劝讽刺对象自律的动机。

鲁迅说:"用玩笑来对付敌人,自然也是一种好战法,但触着之处,须是对手的致命伤,否则,玩笑终不过是一个单单的玩笑而已。"(《花边文学·玩笑只当它玩笑(上)》)如同所有的文化产品不能超越制作者的思想局限一样,中国古代的政治笑话毕竟也是本身所讽刺的时代的产物,必然不能摆脱当时社会文化背景的影响,因而也往往难以避免某些不健康的、低级趣味的成分。此外,在现存的古代笑话书中,几乎看不到对于最高统治者——专制帝王的直接的讽刺。也可能在当时民间的口头创作中并非如此,只是我们所见到的传世资料已经经过了书面文字的加工。

政治笑话有时是政治集团之间相互攻击、相互贬损的工具。又如先秦的宋人笑话,体现了某种区域文化歧视。我们所特别注意的在中国古代文化遗存中数量极多,流传甚广,反映更广泛的社会意识的政治笑话,则是民众对于黑暗政治和腐败政治进行机智的抗争的形式之一。古代民间传播的这一类政治笑话,体现出中国专制时代民众心理除了"奴性"意识之外,又有激烈奋争的精神,而诙谐巧妙的言辞中,又透露出非凡的政治智慧。其发生、传播和留载,都是各有特色的值得重视的文化现象。中国古代政治笑话有些以"性"形式作为包装,反映其最初的产生,是以下层劳动群众生活为土壤,也反映了制作者对于讽刺对象的极端蔑视。中国古代的政治笑话,是中国文化不宜忽视的支流之一。其他有关文化形式,如政治讽刺诗、政治歌谣、政治小品以及后来的政治漫画等,往往都与这一文化形式有共生和派生的关系。

古代笑话对于政治史和社会史学者们的专业研究来说,

很可能是值得重视的文化富矿。如果有人编一部中国古代政治笑话选粹,辑录比较典型、比较精致的中国古代政治笑话,并且就这种民间文学形式的出现、传播、流变、思想倾向、文化内涵以及社会影响进行必要的总结和说明,这对于认识中国传统政治文化的特质,应当是有意义的。

王霸之道

原典选读

《论语·为政》二则

子曰:"为政以德,譬如北辰①,居其所而众星共之②。"

子曰:"道之以政③,齐之以刑④,民免而无耻。道之以德⑤,齐之以礼,有耻且格⑥。"

---

① 北辰:北极星。
② 共:拱卫,环绕。朱熹集注:"言众星四面旋绕而归向之也。"
③ 道:化诱。可以理解为"导"。政:法教。
④ 齐:齐整。刑:刑罚。
⑤ 德:道德。
⑥ 有耻:使民知失礼则耻。格:正。

《孟子·尽心下》一则

孟子曰:"民为贵,社稷次之①,君为轻。是故得乎丘民而为天子②,得乎天子为诸侯,得乎诸侯为大夫。诸侯危社稷,则变置。牺牲既成,粢盛既洁,祭祀以时,然而旱干水溢③,则变置社稷④。"

---

① 社:土神。稷:谷神。古代政权建国则立坛以祀。
② 丘民:田野之民。
③ 旱干水溢:水旱灾害。
④ 变置社稷:土谷之神不能为民御灾捍患,则毁其祀坛而更置之。

[汉]贾谊:《新书》卷一《过秦论》

过 秦 上

秦孝公据崤函之固,拥雍州之地①,君臣固守,以窥周室②,有席卷天下、包举宇内、囊括四海之意,并吞八荒之心③。当是时也,商君佐之,内立法度,务耕织,修守战之具;外连衡④而斗诸侯。于是秦人拱手而取西河之外。

孝公既没,惠文、武、昭襄王蒙故业,因遗策,南取汉中,西举巴、蜀,东割膏腴之地,北收要害之郡。诸侯恐惧,同盟而谋弱秦,不爱珍器重宝、肥饶之地,以致天下之士,合从⑤缔交,相与为一。当此之时,齐有孟尝,赵有平原,楚有春申,魏有信陵。此四君者,皆明智而忠信,宽厚而爱人,尊贤而重士,约从离衡,兼韩、魏、燕、赵、宋、卫、中山之众。于是六国之士,有宁越、徐尚、苏秦、杜赫之属为之谋,齐明、周最、陈轸、召滑、楼缓、翟景、苏厉、乐毅之徒通其意,吴起、孙膑、带佗、倪良、王廖、田忌、廉颇、赵奢之伦制其兵。尝以十倍之地,百万之众,叩关而攻秦,秦人开关延敌,九国之师逡巡⑥而不敢进。秦无亡矢遗镞之费,而天下诸侯已困矣。于是从散约解,争割地而赂秦,秦有余力而制其弊,追亡逐北,伏尸百

---

① 拥:据有。
② 周室:周王朝。
③ 四海、八荒:均言天下。
④ 连衡:连横。
⑤ 合从:合纵。
⑥ 逡巡:徘徊。

万,流血飘橹①,因利乘便,宰割天下,分裂山河,强国请伏,弱国入朝。

施及孝文王、庄襄王,享国之日浅,国家无事。

及至始皇,奋六世之余烈,振长策而御宇内,吞二周而亡诸侯,履至尊而制六合,执搞朴以鞭笞天下,威振四海。南取百粤之地,以为桂林、象郡;百粤之君,俯首系颈,委命下吏。乃使蒙恬北筑长城而守藩篱,却匈奴七百余里,胡人不敢南下而牧马,士不敢弯弓而报怨。于是废先王之道,燔百家之言,以愚黔首②。隳名城,杀豪俊,收天下之兵,聚之咸阳,销锋镝,铸以为金人十二,以弱天下之民。然后践华为城,因河为池③,据亿丈之高,临百尺之渊以为固。良将劲弩,守要害之处;信臣精卒,陈利兵而谁何!天下已定,始皇之心,自以为关中之固,金城千里,子孙帝王万世之业也。

始皇既没,余威振于殊俗。然而陈涉,瓮牖绳枢之子,氓隶之人,而迁徙之徒也。材能不及中人,非有仲尼、墨翟之贤,陶朱、猗顿之富。蹑足行伍之间,俯起阡陌之中,率疲弊之卒,将数百之众,转而攻秦。斩木为兵,揭竿为旗,天下云合响应,赢粮而景从,山东豪俊并起而亡秦族矣。

且夫天下非小弱也,雍州之地、崤函之固,自若也④。陈涉之位,非尊于齐、楚、燕、赵、韩、魏、宋、卫、中山之君也;锄櫌棘矜,不敌于钩戟长铩也;谪戍之众,非抗于九国之师也;深谋远虑,行军用兵之道,非及曩时之士也。然而成败异变,功业相反也。试使山东之国与陈涉度长絜大,比权量力,则不可同年而语矣。然秦以区区之地致万乘之势,序八州而朝

---

① 橹:盾牌。
② 黔首:秦时称百姓为"黔首"。
③ 华:华山。河:黄河。
④ 崤函:崤山,函谷关。

同列,百有余年矣。然后以六合为家,崤函为宫。一夫作难而七庙隳,身死人手,为天下笑者,何也?仁心不施,而攻守之势异也。

过 秦 中

秦灭周祀,并海内,兼诸侯,南面称帝,以养四海①。天下之士,斐然向风。若是何也?曰:近古之无王者久矣。周室卑微,五霸既灭,令不行于天下。是以诸侯力政,强凌弱,众暴寡,兵革不休,士民罢弊。今秦南面而王天下,是上有天子也。即元元之民冀得安其性命,莫不虚心而仰上。当此之时,专威定功,安危之本,在于此矣。

秦王怀贪鄙之心,行自奋之智,不信功臣,不亲士民,废王道而立私爱,焚文书而酷刑法,先诈力而后仁义,以暴虐为天下始。夫并兼者高诈力,安危者贵顺权,推此言之,取与守不同术也。秦虽离战国而王天下,其道不易,其政不改,是其所以取之守之者异也②;孤独而有之,故其亡可立而待也。借设秦王论上世之事,并殷周之迹,以制御其政,后虽有淫骄之主,犹未有倾危之患也。故三王之建天下,名号显美,功业长久。

今秦二世立,天下莫不引领而观其政。夫寒者利裋褐而饥者甘糟糠③,天下嚣嚣,新主之资也。此言劳民之易为政也。向使二世有庸主之行而任忠贤,臣主一心而忧海内之患,缟素而正先帝之过④;裂地分民以封功臣之后,建国立君

---

① 以养四海,又作"以四海养",享有四海。
② 王念孙《读书杂志》指出,应为"是其所以取之守之者无异也"。
③ 裋:短衣。褐:粗布衣。
④ 缟素:丧服。

以礼天下；虚囹圄而免刑戮，去收孥污秽之罪，使各反其乡里；发仓廪，散财币，以振孤独穷困之士；轻赋少事，以佐百姓之急；约法省刑，以持其后，使天下之人皆得自新，更节循行，各慎其身；塞万民之望，而以盛德与天下，天下息矣。即四海之内，皆欢然各自安乐其处，惟恐有变。虽有狡害之民，无离上之心，则不轨之臣无以饰其智，而暴乱之奸弭矣①。二世不行此术，而重以无道：坏宗庙与民更始作阿房之宫；繁刑严诛，吏治刻深；赏罚不当，赋敛无度。天下多事，吏不能纪；百姓困穷，而主不收恤。然后，奸伪并起，而上下相遁；蒙罪者众，刑戮相望于道，而天下苦之。自群卿以下至于众庶，人怀自危之心，亲处穷苦之实，咸不安其位，故易动也。是以陈涉不用汤武之贤，不借公侯之尊，奋臂于大泽②，而天下响应者，其民危也。

故先王者见终始之变，知存亡之由。是以牧之以道③，务在安之而已矣。下虽有逆行之臣，必无响应之助。故曰："安民可与为义，而危民易与为非"，此之谓也。贵为天子，富有四海，身在于戮者，正之非也。是二世之过也。

过 秦 下

秦兼诸侯，山东三十余郡，循津关，据险塞，缮甲兵而守之。然陈涉率散乱之众数百，奋臂大呼，不用弓戟之兵，锄耰白梃，望屋而食，横行天下。秦人阻崄不守，关梁不闭，长戟不刺，强弩不射。楚师深入④，战于鸿门，曾无藩篱之难，于是

---

① 弭：息，停止。
② 奋臂：各本作"奋"，此据《史记》补。大泽：陈涉起义地点大泽乡。
③ 牧：管理，统治。"牧之以道"，《史记》作"牧民之道"。
④ 楚师：刘邦率领的楚军，或作"楚沛"。

王霸之道

山东诸侯并起,豪俊相立。秦使章邯将而东征,章邯因其三军之众要市于外①,以谋其上。群臣之不相信,可见于此矣。

子婴立,遂不悟。借使子婴有庸主之材,而仅得中佐,山东虽乱,三秦之地可全而有,宗庙之祀宜未绝也。秦地被山带河以为固,四塞之国也。自缪公以来,至于秦王,二十余君,常为诸侯雄,此岂世贤哉?其势居然也。且天下尝同心并力攻秦矣,然困于险阻而不能进者,岂勇力智慧不足哉?形不利,势不便。秦虽小邑,伐并大城,得阨塞而守之,诸侯起于匹夫,以利会,非有素王之行也,其交未亲,其名未附,名曰亡秦,其实利之也。彼见秦阻之难犯,必退师。案土息民,以待其弊,收弱扶罢,以令大国君,不患不得意于海内。贵为天子,富有四海,而身为禽者②,救败非也。

秦王足己而不问③,遂过而不变④。二世受之,因而不改,暴虐以重祸。子婴孤立无亲,危弱无辅。三主之惑,终身不悟,亡不亦宜乎?当此时也,世非无深谋远虑知化之士也,然所以不敢尽忠拂过者⑤,秦俗多忌讳之禁也,忠言未卒于口,而身糜没矣。故使天下之士倾耳而听,重足而立,阖口而不言。是以三主失道,而忠臣不谏,智士不谋也。天下已乱,奸臣不上闻,岂不悲哉!

先王知壅蔽之伤国也,故置公卿、大夫、士,以饰法设刑而天下治。其强也,禁暴诛乱而天下服;其弱也,五霸征而诸侯从;其削也,内守外附而社稷存。故秦之盛也,繁法严刑而天下震;及其衰也,百姓怨而海内叛矣。故周王序得其

---

① 要市:约市。
② 禽:通"擒"。
③ 足己:自大偏执。
④ 遂过:坚持错误。
⑤ 拂过:纠正失误。

道,千余载不绝;秦本末并失,故不能长。由是观之,安危之统,相去远矣。

鄙谚曰:"前事之不忘,后事之师也。"是以君子为国,观之上古,验之当世,参之人事,察盛衰之理,审权势之宜,去就有序,变化因时,故旷日长久而社稷安矣。

王霸之道

[唐]杜牧：《阿房宫赋》

六王毕①，四海一，蜀山兀，阿房出。覆压三百余里，隔离天日。骊山北构而西折，直走咸阳。二川溶溶，流入宫墙。五步一楼，十步一阁；廊腰缦回，檐牙高啄；各抱地势，钩心斗角。盘盘焉，囷囷焉，蜂房水涡，矗不知乎几千万落。长桥卧波，未云何龙？复道行空②，不霁何虹③？高低冥迷，不知西东。歌台暖响，春光融融；舞殿冷袖，风雨凄凄。一日之内，一宫之间，而气候不齐。

妃嫔媵嫱，王子皇孙，辞楼下殿，辇来于秦，朝歌夜弦，为秦宫人。明星荧荧，开妆镜也；绿云扰扰，梳晓鬟也；渭流涨腻，弃脂水也；烟斜雾横，焚椒兰也。雷霆乍惊，宫车过也；辘辘远听，杳不知其所之也。一肌一容，尽态极妍，缦立远视，而望幸焉。有不得见者，三十六年。

燕赵之收藏，韩魏之经营，齐楚之精英，几世几年，剽掠其人，倚叠如山。一旦不能有，输来其间。鼎铛玉石，金块珠砾，弃掷逦迤，秦人视之，亦不甚惜。嗟乎！一人之心，千万人之心也。秦爱纷奢，人亦念其家。奈何取之尽锱铢，用之如泥沙？使负栋之柱，多于南亩之农夫④；架梁之椽，多于机上之工女；钉头磷磷，多于在庾之粟粒；瓦缝参差，多于周身

---

① 六王：战国时期齐、楚、燕、韩、赵、魏六国君王。
② 复道：楼阁间的交通通路，可以形成立体交叉形式。
③ 虹：形容拱桥如虹的形式。中国拱桥的出现，大致在西汉中期。
④ 南亩：农田。许多地方的耕地田垄取南北向形式。

之帛缕;直栏横槛,多于九土之城郭①;管弦呕哑,多于市人之言语。使天下之人,不敢言而敢怒。独夫之心②,日益骄固。戍卒叫③,函谷举,楚人一炬④,可怜焦土!

呜呼!灭六国者六国也,非秦也;族秦者秦也,非天下也。嗟乎!使六国各爱其人,则足以拒秦;使秦复爱六国之人,则递三世可至万世而为君,谁得而族灭也?秦人不暇自哀,而后人哀之;后人哀之而不鉴之,亦使后人而复哀后人也。

---

① 九土:犹言九州地方。
② 独夫:孤立于民众,自绝于社会的残暴统治者。
③ 戍卒叫:戍卒陈胜、吴广发起反秦暴动。
④ 楚人一炬:言项羽火烧秦宫殿。

[清]顾炎武:《日知录》卷八《都令史》《吏胥》《法制》《省官》

都 令 史

《通典》:"晋有尚书都令史八人,秩二百石,与左右丞总知都台事。宋、齐八人,梁五人,谓之五都令史。旧用人常轻,武帝诏曰:'尚书五都,职参政要,非但总理众局,亦乃方轨二丞。顷虽求才,未臻妙简。可革用士流,以尽时彦。'乃以都令史视奉朝请。"①其重之如此。彼其所谓都令史者,犹为二百石之秩,而间用士流为之。然南齐陆慧晓为吏部郎,吏部都令史历政以来,咨执选事,慧晓任己独行,未尝与语。帝遣人语慧晓曰:"都令史谙悉旧贯,可共参怀。"慧晓曰:"六十之年,不复能咨都令史为吏部郎也。"②故当日之为吏部者,多克举用人之职。自隋以来,令史之任,文案烦屑,渐为卑冗,不参官品。至于今世,则品弥卑,权弥重,八柄诏王,乃不在官而在吏矣。

《旧唐书》:"许子儒居选部,不以藻鉴为意。有令史缑直,是其腹心。每注官,多委令下笔,子儒但高枕而卧,语云'缑直平配'。由是补授失序,传为口实。"③嗟乎,未若今日之以缑直为当官,以平配为著令也。

---

① 《隋书》卷二六《百官志上》。
② 《南齐书》卷四六《陆慧晓传》,《南史》卷四八《陆慧晓传》。
③ 《旧唐书》卷一三九《儒学列传上·许叔牙》。

胥史之权所以日重而不可拔者①,任法之弊使之然也。开诚布公以任大臣,疏节阔目以理庶事,则文法省而径窦清,人材庸而狐鼠退矣②。

吏 胥③

天子之所恃以平治天下者,百官也。故曰"臣作朕股肱耳目"④,又曰"天工人其代之"⑤。今夺百官之权而一切归之吏胥,是所谓百官者虚名,而柄国者吏胥而已。郭隗之告燕昭王曰:"亡国与役处。"⑥吁,其可惧乎!秦以任刀笔之吏而亡天下,此固已事之明验也。

唐郑余庆为相,有主书滑涣,久司中书簿籍,与内官典枢密刘光琦相倚为奸,每宰相议事,与光琦异同者,令涣往请,必得。四方书币资货充集其门,弟泳官至刺史。及余庆再入中书,与同僚集议,涣指陈是非,余庆怒叱之,未几,罢为太子宾客。其年八月,涣赃污发,赐死。宪宗闻余庆叱涣事,甚重之。久之,复拜尚书左仆射。⑦韦处厚为相,有汤铢者为中书小胥,其所掌谓之孔目房。宰相遇休假,有内状出,即召铢至延英门付之,送知印宰相。由是稍以机权自张,广纳财贿。处厚恶之,谓曰:"此是半装滑涣矣。"乃以事逐之。⑧ 夫身为

---

① 胥史:胥吏。官府中的小吏。
② 狐鼠:城狐社鼠,比喻坏人、小人。
③ 吏胥:同胥吏,官府中的小吏。
④ 《书·益稷》。
⑤ 《书·皋陶谟》。
⑥ 《战国策·燕策一》。
⑦ 《旧唐书》卷一五八《郑余庆传》,《新唐书》卷一四六《李吉甫传》。
⑧ 《册府元龟》卷三一七。

大臣，而有"甘临"之忧①，"系遯"之疾②，则今之君子有愧于唐贤多矣。

谢肇淛曰："从来仕宦法网之密，无如本朝者。上自宰辅，下至驿递仓巡，莫不以虚文相酬应。而京官犹可，外吏则愈甚矣。大抵官不留意政事，一切付之胥曹，而胥曹之所奉行者，不过已往之旧牍，历年之成规，不敢分毫逾越。而上之人既以是责下，则下之人亦不得不以故事虚文应之；一有不应，则上之胥曹又乘隙而绳以法矣。故郡县之吏宵旦竭蹶，惟日不足，而吏治卒以不振者，职此之由也。"③

又曰："国朝立法太严，如户部官不许苏、松、浙江人为之，以其地多赋税，恐飞诡为奸也。然弊孔蠹窦，皆由吏胥，堂司官迁转不常，何知之有？今户部十三司胥算皆绍兴人，可谓目察秋毫而不见其睫者矣。"④

法　　制

法制禁令，王者之所不废，而非所以为治也。其本在正人心、厚风俗而已。故曰："居敬而行简，以临其民。"⑤周公作《立政》之书曰："文王罔攸兼于庶言，庶狱庶慎。"又曰："庶狱庶慎，文王罔敢知于兹。"其丁宁后人之意可谓至矣。秦始皇之治天下之事，无大小皆决于上，上至于衡石量书，日夜有呈，不中呈不得休息，而秦遂以亡。太史公曰："昔天下之网

---

① 《易·临》："甘临，无攸利，既忧之无咎。"
② 《易·遯》："系遯，有疾厉，畜臣妾，吉。"
③ [明]谢肇淛：《五杂俎》卷一四。
④ [明]谢肇淛：《五杂俎》卷一五。
⑤ 《论语·雍也》。

尝密矣,然奸伪萌起,其极也,上下相遁,至于不振。"①然则法禁之多,乃所以为趣亡之具,而愚暗之君犹以为未至也。杜子美诗曰:"舜举十六相,身尊道何高。秦时任商鞅,法令如牛毛。"②又曰:"君看灯烛张,转使飞蛾密。"③其切中近朝之事乎?

汉文帝诏置三老、孝弟、力田常员,令各率其意,以道民焉。夫三老之卑而使之得率其意,此文景之治所以至于移风易俗,黎民醇厚,而上拟于成康之盛也。

诸葛孔明开诚心,布公道,而上下之交,人无间言,以蕞尔之蜀,犹得小康。魏操、吴权任法术以御其臣,而篡逆相仍,略无宁岁。天下之事,固非法之所能防也。

叔向与子产书曰:"国将亡,必多制。"④夫法制繁则巧猾之徒皆得以法为市,而虽有贤者,不能自用,此国事之所以日非也。善乎杜元凯之解《左氏》也,曰:"法行则人从法,法败则法从人。"⑤

前人立法之初,不能详究事势,豫为变通之地。后人承其已弊,拘于旧章,不能更革,而复立一法以救之。于是法愈繁而弊愈多,天下之事日至于丛脞⑥,其究也"眊而不行",上下相蒙,以为无失祖制而已。此莫甚于有明之世,如勾军、行钞二事,立法以救法,而终不善者也。

宋叶适言:"国家因唐、五代之极弊,收敛藩镇之权,尽归于上,一兵之籍,一财之源,一地之守,皆人主自为之也。欲

---

① 《史记》卷六《秦始皇本纪》。
② [唐]杜甫:《述古三首》之二,《补注杜诗》卷八。
③ [唐]杜甫:《写怀二首》之二,《补注杜诗》卷一三。
④ 《左传·昭公六年》。
⑤ 《春秋左传注疏》卷二三。
⑥ 丛脞:指琐小、细碎、杂乱。

专大利而无受其大害,遂废人而用法,废官而用吏,禁防纤悉,特与古异,而威柄最为不分。虽然,岂有是哉!故人才衰乏,外削中弱,以天下之大而畏人,是一代之法度又有以使之矣。"又曰:"今内外上下,一事之小,一罪之微,皆先有法以待之。极一世之人志虑之所周浃,忽得一智,自以为甚奇,而法固已备之矣,是法之密也。然而人之才不获尽,人之志不获伸,昏然俯首,一听于法度,而事功日堕,风俗日坏,贫民愈无告,奸人愈得志,此上下之所同患,而臣不敢诬也。"①又曰:"万里之远,嚬呻动息,上皆知之。虽然,无所寄任,天下泛泛焉而已。百年之忧,一朝之患,皆上所独当,而群臣不与也。夫万里之远,皆上所制命,则上诚利矣。百年之忧,一朝之患,皆上所独当,而其害如之何?此夷狄所以凭陵而莫御,仇耻所以最甚而莫报也。"②

陈亮上孝宗书曰:"五代之际,兵财之柄倒持于下,艺祖皇帝束之于上,以定祸乱。后世不原其意,束之不已,故郡县空虚,而本末俱弱。"③

洪武六年九月丁未,命有司庶务更月报为季报,以季报之数类为岁报。凡府、州、县轻重狱囚即依律断决,不须转发。果有违枉,从御史按察司纠劾。令出,天下便之。

省　　官

光武中兴,海内人民可得而数,裁十二三。郭塞破坏,亭燧绝灭或空置。太守令长招还流民。帝笑曰:"今边无人,而

---

① [宋]叶适:《始论二》,《冰心集》卷四。
② [宋]叶适:《实谋》,《冰心集》卷四。
③ [宋]陈亮:《上孝宗皇帝第三书》,《龙川集》卷一《书疏》。

设长吏治之,如春秋素王矣。"①以故省并郡国及官僚,屡见于史,而总之曰:"兵革即息,天下少事,文书调役,务从简寡,至乃十存一焉。"②以此知省官之故,缘于少事。今也文书日以繁,狱讼日以多,而为之上者主于裁省,则天下之事必将丛脞而不胜;不胜之极,必复增官,而事不可为矣。

晋荀勖之论,以为:"省官不如省事,省事不如清心。昔萧、曹相汉,载其清静,民以宁一,所谓清心也。抑浮说,简文案,略细苛,宥小失,有好变常以徼利者,必行其诛,所谓省事也。"③此探本之言,为治者识此,可无纷纷于职官多寡之间矣。

---

① 《册府元龟》卷一二四。
② 《后汉书》卷一下《光武帝纪下》。
③ 《资治通鉴》卷八〇"晋武帝咸宁五年"。《晋书》卷三九《荀勖传》:"(荀)勖议以为省吏不如省官,省官不如省事,省事不如清心。昔萧曹相汉,载其清静,致画一之歌。此清心之本也。汉文垂拱,几致刑措,此省事也。光武并合吏员,县官国邑裁置十一。此省官也。魏太和中,遣王人四出,减天下吏员,正始中,亦并合郡县。此省吏也。今必欲求之本,则宜以'省事'为先。"

王霸之道

[清]王夫之:《读通鉴论》卷六《光武一五》

　　起于学士大夫、习经术、终陟大位者三:光武也①,昭烈也②,梁武帝也③。故其设施与英雄之起于艸泽者有异④,而光武远矣。

　　昭烈习于儒而淫于申、韩⑤,历事变而权术荡其心,武侯年少而急于勋业⑥,是以刑名乱之。梁武篡,而反念所学,名义无以自容,不获已,而闻浮屠之法有"心亡罪灭"之旨,可以自覆,故托以自饰其恶,愚矣。然而士大夫释服入见者,面无毁容,则终身不录,终不忍使大伦绝灭于天下,人道犹藉以仅存,固愈于萧道成之唯利是尚也。光武则可谓勿忘其能矣。天下未定,战争方亟,汲汲然式古典,修礼乐,宽以居,仁以行,而缘饰学问以充其美,见龙之德,在飞不舍,三代以下称盛治,莫有过焉。故曰:光武远矣。

---

① 光武:汉光武帝刘秀,东汉开国皇帝。
② 昭烈:蜀汉昭烈帝刘备,三国时期蜀汉开国皇帝。
③ 梁武帝:萧衍,南朝梁开国皇帝。
④ 艸泽:草泽。起于艸泽,即出身于社会下层之平民。
⑤ 申、韩:申不害、韩非的学说。
⑥ 武侯:刘备集团的主要谋臣和政治实践家诸葛亮。

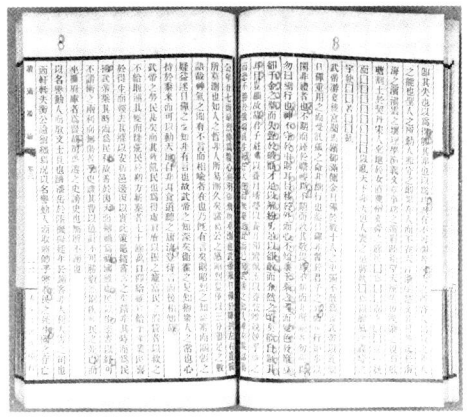

王夫之《读通鉴论》书影

呜呼！古无不学之天子，后世乃有不学之相臣。以不学之相臣辅艸泽之天子，治之不古，自高帝始，非但秦也。秦以亡而汉以兴，亡者为后戒，而兴者且为后法，人纪之存，不亦难乎！

王霸之道

[清]赵翼:《廿二史札记》卷二《汉初布衣将相之局》

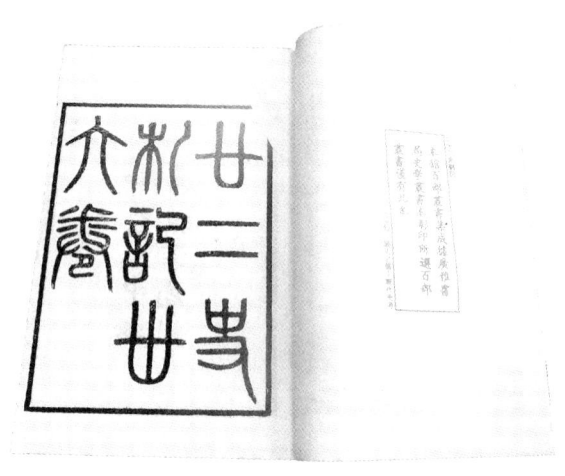

赵翼《廿二史札记》书影

汉初诸臣,惟张良出身最贵,韩相之子也。其次则张苍,秦御史;叔孙通,秦待诏博士。次则萧何,沛主吏掾。曹参,狱掾。任敖,狱吏。周苛,泗水卒史。傅宽,魏骑将。申屠嘉,材官。其余陈平、王陵、陆贾、郦商、郦食其、夏侯婴等,皆白徒①。樊哙则屠狗者,周勃则织薄曲吹箫给丧事者,灌婴则贩缯者,娄敬则挽车者,一时人才皆出其中,致身将相,前此所未有也。盖秦、汉间为天地一大变局。自古皆封建诸侯,各君其国,卿大夫亦世其官,成例相沿,视为固然。其后积弊日甚,暴君荒主,既虐用其民,无有底止,强臣大族又篡弑相

---

① 白徒:没有文化资质、没社会地位的人。

仍,祸乱不已。再并而为七国,益务战争,肝脑涂地,其势不得不变。而数千年世侯、世卿之局,一时亦难遽变,于是先从在下者起。游说则范雎、蔡泽、苏秦、张仪等,徒步而为相。征战则孙膑、白起、乐毅、廉颇、王翦等,白身而为将①。此已开后世布衣将相之例。而兼并之力尚在有国者,天方藉其力以成混一,固不能一旦扫除之,使匹夫而有天下也。于是纵秦皇尽灭六国,以开一统之局。使秦皇当日发政施仁,与民休息,则祸乱不兴,下虽无世禄之臣,而上犹是继体之主也。惟其威虐毒痛,人人思乱,四海鼎沸,草泽竞奋,于是汉祖以匹夫起事,角群雄而定一尊。其君既起自布衣,其臣亦自多亡命无赖之徒,立功以取将相,此气运为之也。天之变局,至是始定。然楚、汉之际,六国各立后,尚有楚怀王心,赵王歇,魏王咎,魏王豹,韩王成,韩王信,齐王田儋、田荣、田广、田安、田市等。即汉所封功臣,亦先裂地以王彭、韩等,继分国以侯绛、灌等②。盖人情习见前世封建故事,不得而遽易之也。乃不数年而六国诸王皆败灭,汉所封异姓王八人,其七人亦皆败灭。则知人情犹狃于故见,而天意已另换新局,故除之易易耳。而是时尚有分封子弟诸国,迨至七国反后③,又严诸侯禁制,除吏皆自天朝,诸侯王惟得食租衣税,又多以事失侯,于是三代世侯、世卿之遗法始荡然净尽,而成后世征辟、选举、科目、杂流之天下矣。岂非天哉!

---

① 白身:平民,无功名、无官职的普通人。
② 绛、灌等:绛侯周勃、颍阴侯灌婴等汉初功臣。
③ 七国反:即吴楚七国之乱。